여행하며 배우는
한국어

저자 소개

김미숙

이화여자대학교 한국학 박사(한국어교육)
이화여자대학교 교육학 석사(외국어로서의 한국어교육)

| 경력 |

(전) 동국대학교 한국어교육원 전임 교원
(현) EBS 두리안 초등학생을 위한 표준한국어 1 동영상강사
(현) 서울대학교 언어교육원 한국어교육센터 대우전임강사

| 저서 |

《TOPIK 문법 테마 100_전면개정판》 저 (2023, 박문각)
《서울대 한국어 플러스 student's book 1A》 공저 (2022, 서울대학교출판문화원)
《서울대 한국어 플러스 student's book 1B》 공저 (2022, 서울대학교출판문화원)
《서울대 한국어 플러스 workbook 1A》 공저 (2022, 서울대학교출판문화원)
《서울대 한국어 플러스 workbook 1B》 공저 (2022, 서울대학교출판문화원)
《Let's speak Korean for beginners 맛있는 한국어》 저 (2022, 맛있는books)
《한국어 문법 이렇게 달라요_개정증보판》 저 (2021, 소통)
외 다수

여행하며 배우는 한국어

발행일 1판 1쇄 2023년 8월 31일

지은이 김미숙

펴낸이 박영호
기획팀 송인성, 김선명, 김선호
편집팀 박우진, 김영주, 김정아, 최미라, 전혜련
관리팀 임선희, 정철호, 김성언, 권주련
펴낸곳 (주)도서출판 하우

주소 서울시 중랑구 망우로68길 48
전화 (02)922-7090
팩스 (02)922-7092
홈페이지 http://www.hawoo.co.kr
e-mail hawoo@hawoo.co.kr
등록번호 제2016-000017호

값 13,000원
ISBN 979-11-6748-109-2 13710

여행하며 배우는
한국어

김미숙 씀

즐거운 여행 · 즐거운 한국어 공부

Hawoo Publishing Inc.

여행을 시작하며

여러분의 한국어 공부는 어떤가요?

한국어 공부를 처음 시작했을 때의 설렘과 즐거움이 아직도 그대로인가요?

외국어 공부라는 긴 여정을 시작하는 많은 학생들은 생각보다 쉽지 않은 한국어의 벽 앞에서 좌절을 하기도 합니다. 그래서 저는 한국어를 공부하는 학생들에게 한국어는 배울수록 어렵다는 이야기를 많이 듣게 됩니다. 하지만 그 벽을 넘으면 어느 순간 한국어를 유창하게 구사하고 있는 자신을 발견할 수 있을 텐데요. 저는 그 방법이 뭘까 늘 고민했습니다. 그래서 이 책을 기획하게 되었습니다. 즐겁게 공부하는 것이 가장 좋다고 믿고 있는 저는 학생들이 즐겁게 한국어를 공부할 수 있는 방법이 뭘까 생각하다가 한국에서 즐겁게 여행하는 학생들의 밝은 얼굴이 떠올랐습니다. 그래서 여행을 하는 것처럼 책을 만들어 봐야겠다고 생각하게 된 것입니다.

이 책은 한국어 공부가 여행하는 것처럼 즐겁기를 바라는 마음에서 시작되었습니다.

한국은 그리 큰 나라가 아니지만 서울, 부산, 제주 이외에도 구석구석 가 볼 만한 곳이 많으니 여행하듯이 공부하면 좋을 것 같다는 생각이 들었습니다. 그래서 2021년부터 이 책을 기획하고 많은 자료들을 읽고 공부하면서 집필하였습니다.

책이 나오기 전 1차로 집필된 원고를 보고 학생들과 이야기를 나누는 시간을 가졌습니다. 학생들이 의견을 준 부분을 반영하여 다시 집필하는 시간도 가졌습니다. 그렇게 하면서 이 책을 더 알차게 만들려고 노력했습니다.

혹시나 부족한 부분이 있을 수 있지만 한국어를 공부하는 여러분들에게 조금이라도 도움이 되기를 바라는 제 마음이 닿기를 바랍니다. 한국어를 공부하는 분들이 이 책을 통해 더 즐겁게 그리고 더 깊이 한국어를 알아 가기를 바랍니다.

이 책이 나오기까지 힘든 과정을 감수하고 책의 출간까지 애써 주신 하우 출판사의 관계자 여러분께 마음 깊이 감사드립니다.

이 책으로 하는 한국어 여행이 즐겁고 유익하기 바라며 여러분의 한국어 공부를 응원합니다.

2023. 8.
저자 김미숙

단원 구성표

과	단원명	단원별 여행지와 읽기 주제		문법과 표현1	문법과 표현2
1	한국의 집	서울 익선동	한국 전통 집	-(으)ㄹ 만하다	이자
2	존경하는 사람	서울 광화문	세종대왕	-(으)ㄹ 정도	-다시피 하다
3	'효'를 중시하는 한국인	수원화성	한국인과 효	-ㄴ/는다면, -다면	-기 마련이다
4	커피 이야기	강릉 커피거리	루왁 커피	-(으)ㄹ 뿐만 아니라	-자
5	한국인과 등산	설악산	한국인과 등산	-(으)면서	-(으)며
6	공유 서비스	대전 자전거길	공유 자전거 서비스	-ㄴ/는다고, -다고	-되
7	시장과 삶의 모습	대구 서문 시장	전통 시장	-(으)ㄹ 겸	거니와
8	행복한 삶	광주 5.18 기념공원	행복지수	-고 말았다	-는 동시에
9	아름다운 색	전주 한옥마을	오방색	-았으면/었으면 하다	-듯이
10	개발과 보존	목포 해상 케이블카	케이블카 설치	-고도	-(으)ㄹ뿐더러
11	건강한 식사	부산 해운대	야식과 건강	-느니만큼, -(으)니만큼	-던 차에
12	행복한 마무리	제주	책거리	-는가 하면, -(으)ㄴ가 하면	-는 양, -(으)ㄴ 양

차례

이 책의 활용법

이 책은 한국의 유명한 도시를 여행하면서 그와 관련된 주제의 글을 읽어 보도록 구성하였습니다. 글을 읽으면서 공부하면 한국어 실력도 높일 수 있을 것입니다.

혼자 읽으면서 공부하는 것도 좋지만 한국어에 관심이 많은 친구들과 함께 모여서 이 책을 가지고 공부해 보는 것도 좋습니다. 이 책을 잘 활용하면 한국어 실력 향상에 도움이 될 것입니다.

이 책에는 관련된 자료를 QR코드로 넣어 두었습니다. 영상이나 인터넷 사이트 등을 보면서 많은 정보를 얻을 수 있습니다.

도입 각 과에서 소개할 여행지를 사진과 함께 제시하였습니다. QR코드를 스캔해 보면 관련된 영상이나 인터넷 사이트를 볼 수 있어서 여행을 계획할 때, 한국에 대해 알고 싶을 때 도움을 받을 수 있습니다.

이야기해 봅시다 '읽기1'을 읽기 전에 관련된 내용의 사진이나 그래프 등을 통해 읽을 내용에 대해 미리 생각해 보고 생각의 폭을 넓힐 수 있습니다. 질문에 꼭 답을 해 보세요. 특히 그래프는 분석해서 설명하는 연습을 꼭 하세요. 말할 내용을 간단히 메모한 후에 소리 내서 말해 보는 연습을 해 보세요.

읽기1 여행지와 관련된 내용을 짧게 제시하였습니다. 내용을 읽고 문제에 답을 찾아보세요. '읽기1'은 중급 수준의 학생이면 누구나 이해할 수 있을 정도로 되어 있습니다.

어휘 모르는 어휘는 예문을 통해 공부할 수 있도록 제시했습니다. 어휘를 공부할 때 단어의 의미만 외우면 안 됩니다. 예문을 보면서 공부하는 것이 가장 좋습니다.

모르는 어휘가 있으면 "한국어 기초 사전"을 활용해 보세요.

한국어
기초사전

문법과 표현1 '읽기1'에서 알아야 할 중급 수준의 문법을 설명하였습니다. 예문과 간단한 확인 문제로 잘 이해했는지 스스로 점검해 보세요. 이 책은 문법책이 아니라서 문법 설명은 최소한으로 했습니다.

문법에 대한 설명이 필요하면 제 유튜브 채널에 오세요. 여기에 문법에 대한 설명이 있습니다. 아직 이 책에 있는 모든 문법이 있는 것은 아니지만 계속 업로드할 예정입니다.

Youtube
KIMSAM

이야기해 봅시다 '읽기2'를 읽기 전에 관련된 내용에 대해 미리 생각해 보세요. 이야기해 볼 때 도움이 될 수 있도록 활용할 수 있는 표현도 넣어 두었습니다. 표현을 활용해서 여러분의 생각을 꼭 말해 보세요.

읽기2 '읽기2'는 다양한 내용을 읽도록 제시하였습니다. 중급 이상의 수준이지만 비교적 쉽게 쓰려고 노력 했습니다. 내용이 조금 길지만 꼼꼼하게 읽으면서 공부해 보세요.

그리고 각각의 내용을 따라 써 보면 더욱 도움이 됩니다. 따라 써 보는 활동지는 꼭 다운로드해서 활용해 보세요.

따라 써 보기
다운로드

따라 써 보고 각 단락에서 중요한 단어를 메모한 후 짧게 요약하는 연습을 해 보세요. 이렇게 하면 한국어 글쓰기 실력도 늘 수 있습니다.

확인해 보세요 글을 읽고 글의 내용을 얼마나 이해했는지 확인해 보는 문제입니다. '읽기2'를 꼼꼼하게 읽고 문제를 풀어 보세요.

문법과 표현2 '읽기2'에 있는 고급 수준의 표현을 공부하도록 제시했습니다. '문법과 표현1'과 같이 설명과 예문을 보면서 배우고 확인 문제를 풀어 보세요.

이 표현도 알고 있나요? 각 과에서 자세하게 다루지는 않지만 중급 수준 이상에서는 꼭 알고 있어야 하는 표현을 따로 정리 했습니다.

정리하고 요약하기 '읽기2'를 읽으면서 따라 쓰기를 하고 싶지 않다면 이 페이지를 활용하는 것도 좋습니다. '읽기2'를 읽으면서 각 단락에서 중요한 단어를 메모하고 짧게 요약해 보도록 합니다.

더 생각해 보기 '읽기2'에서 공부한 내용에 대한 자신의 생각을 정리해 볼 수 있습니다. 활용할 수 있는 표현도 제시했으니 보면서 말하거나 쓰는 연습을 꼭 해 보세요.

알아 두면 좋은 여행 이야기 각 과에서 여행하는 장소나 주변 지역에 대한 여러 정보를 담았습니다. 여행지에 대한 것뿐만 아니라 여행할 때 알면 도움이 될 만한 내용을 넣었으니 꼭 읽어 보세요. QR코드로 제시된 정보도 꼭 확인해 보세요.

여러분! 한국어로 즐겁게 여행할 준비가 되었나요? 한국어 공부는 할수록 어렵다고 하지만 즐거운 마음으로 공부하면 여러분의 한국어 실력도 더욱 좋아질 거예요.

이 책으로 한국어의 즐거운 여행을 함께 시작해 봐요!

한국의 집

오늘은 대한민국의 수도
서울을 구경해요.

오늘 우리가 나눌 이야기는
'한국의 전통 집'이에요.

북촌 마을

남산한옥마을

은평한옥마을

북촌 한옥 마을

서울

익선동

북촌한옥마을

홍대입구

서울식물원

여의도

한강

남산한옥마을

잠실

코엑스

올림픽공원

강남

남산한옥마을

은평한옥마을

 **이야기해 봅시다**

북촌마루

1. '한옥'에서 머물러 본 적이 있습니까?

2. 한옥은 어떤 특징이 있다고 생각합니까? 한옥을 보면 어떤 느낌이 듭니까?

📖 읽기1

익선동
카페거리

익선동

　서울에서 지하철 1호선을 타고 종로 3가역에 내리면 '익선동'에 갈 수 있다. 최근 SNS에는 익선동 거리에서 사진을 찍어 공유하는 글들이 많다. 익선동의 매력은 무엇일까? 익선동에는 1930년대에 지어진 한옥이 100여 년 동안 자리를 지켜 왔는데 이 지역을 개발하는 대신 한옥을 보존하기로 2015년 정해졌다. 한옥을 지키려는 사람들의 마음 덕분에 한옥의 전통적인 아름다움을 살리고 거기에 현대적인 문화가 더해졌다. 이렇게 과거와 현재의 아름다움이 공존하는 익선동은 젊은 사람들이 많이 찾는 명소가 되었다. 익선동에는 다양한 카페와 식당들이 좁은 골목 안에 그림처럼 자리 잡고 있다. 서울에 가면 꼭 한번 들러 **볼 만한** 곳이다.

Q1. 익선동은 어떤 매력이 있는지 글의 내용을 정리해서 써 보세요.

어휘1

- **공유하다** 　예 오늘 회의 자료는 정리해서 **공유하겠습니다.**
- **보존하다** 　예 그곳은 한국의 전통문화가 남아 있기 때문에 잘 **보존해야** 한다.
- **덕분** 　예 김 선생님 **덕분에** 한국어를 잘하게 됐어요.
- **현대적** 　예 이 영화는 옛날이야기를 **현대적으로** 바꾼 것이라고 한다.
- **공존하다** 　예 이곳은 다양한 문화가 **공존하는** 곳이다.
- **명소** 　예 한국에는 많은 사람들이 찾는 유명하고 아름다운 **명소가** 많다.

문법과 표현1

동-(으)ㄹ 만하다

동사의 행동을 할 가치가 있음을 나타냅니다.

예 1) 한국은 아름다운 곳이 많아서 꼭 한번 **가 볼 만한** 나라다.

2) 삼겹살은 아주 맛있는데 고기를 좋아하면 한번 **먹어 볼 만한** 음식이다.

3) 여행하기 전에 그곳에서 **구경할 만한** 곳을 찾고 있어요.

4) 그 노래는 가사가 아름다워서 한번 **들을 만하다.**

✏️ 확인해 보세요

다음 표현을 사용하여 문장을 완성하세요.

(1) 춘천에 가면 닭갈비를 먹어 보세요. ＿＿＿＿＿＿＿＿＿＿＿＿.
　　　　　　　　　　　　　　　　　　　　　　　(먹다)

(2) 요즘 ＿＿＿＿＿＿＿＿＿＿＿ 영화 좀 추천해 주세요.
　　　　　　　　(보다)

(3) 이 책은 한국어 공부에 ＿＿＿＿＿＿＿＿＿＿＿ 좋은 책이에요.
　　　　　　　　　　　　　　(도움이 되다)

이야기해 봅시다

다음은 한국의 지역별 전통 집입니다. 어떤 차이가 있는지 이야기해 보세요.

ㄱ자형 구조의 집

중부 지방

남부 지방

일자형 구조의 집

---

1. 지역별로 전통 집의 구조는 차이가 있습니다. 어떤 차이가 있는지 이야기해 봅시다.

> **TIPS**
> • 창문이 크다 / 작다
> • 담이 있다
> • 바람이 통하다
> • 나무로 지붕을 만들다
> • 돌로 담을 만들다

2. 집의 구조에 영향을 준 원인은 무엇일지 이야기해 봅시다.

> **TIPS**
> • 기후, 지형
> • 자연환경
> • 영향을 받다
> • 집의 재료가 다르다

읽기2

다음은 한국의 전통 집에 대한 글입니다. 잘 읽고 물음에 답하십시오.

❶ 집은 사람에게 어떤 의미가 있을까? 집은 휴식의 **공간이자** 일상이 담겨 있는 공간이다. 사람들은 하루가 끝나면 집으로 돌아가서 쉬기도 하고 다음 날을 준비하기도 한다. 가족들과 함께 즐거운 추억을 만들기도 하고 때로는 싸우기도 하면서 함께한다. 아주 오래전 자연 속에서 살아가던 인간은 집의 필요성을 느끼고 집을 만들게 되었는데 그 당시에 살고 있던 환경에 맞는 집을 지어 살게 되었다. 지금 서울에는 아파트가 많지만 옛날부터 아파트와 같은 구조의 집이 많았던 것은 아니다.

❷ 한국의 전통 집 역시 자연환경과 기후의 영향을 받아 조금씩 다른 방식으로 지어졌다. 한국에서 비교적 더운 남부 지방은 더운 날씨 때문에 바람이 잘 통할 수 있도록 집을 지었다. 반면 북쪽은 날씨가 추워서 바람이 통하지 않도록 'ㅁ'자 모양으로 집을 지었다. 춥고 바람이 많이 부는 북쪽에는 추위를 이길 수 있는 형태로 집이 지어졌고 더운 남쪽은 바람이 잘 통할 수 있는 개방적인 형태로 지은 것이다.

또한 산이 많은 지역에서는 나무로 만든 집을 흔히 볼 수 있는데 나무를 넓게 잘라 지붕을 만들거나 두꺼운 나무껍질로 지붕을 만들기도 했다. 산이 별로 없는 지역에서는 갈대와 같은 재료로 지붕을 만들거나 흙을 구워서 만든 기와로 지붕을 만들기도 했다.

❸ 한옥은 이렇게 나무나 흙 등 자연에서 나오는 재료로 만들었는데 이러한 재료로 만든 집은 인간이 살아가기 좋은 환경을 제공하였다. 특히 한옥의 벽을 만들 때 사용하는 황토와 같은 재료는 나쁜 성분을 빨아들이기 때문에 건강에 좋다. 그리고 한옥에는 '처마'라는 것이 있는데 양산처럼 여름의 햇빛을 막아 주고 우산처럼 눈이나 비가 들어오지 않도록 막아 주었다고 한다.

한옥의 처마

한옥을 보면 한국 사람들의 지혜를 엿볼 수 있다. 지금은 한옥을 많이 볼 수 없지만 서울을 비롯한 경주, 전주 등 여러 곳에는 한옥 마을이 아직 보존되어 있다. 한옥 마을을 여행하면서 한국의 지역별 한옥의 특징을 찾아보는 것은 어떨까?

내용 확인 문제

1. 지역별 집의 형태에 대한 설명으로 맞는 것을 고르세요.

① 남쪽 지방은 개방적 형태로 지었다.

② 북부 지방은 바람이 잘 통하도록 지었다.

③ 산이 많은 지역은 기와를 활용해서 지었다.

2. 한옥의 '처마'의 역할이 무엇인지 쓰세요.

3. 이 글의 내용과 같은 것을 고르세요.

① 황토는 비나 눈을 막아 줘서 건강에 좋다.

② 한국의 집은 자연에 어울리도록 아름답게 지어졌다.

③ 한국에는 옛날부터 아파트와 같은 구조의 집이 많았다.

④ 한국에는 자연환경의 영향으로 나무로 만든 집이 가장 많다.

4. 각 단락의 제목으로 알맞은 것을 연결하세요.

1) ❶ •   • ⓐ 집의 의미

2) ❷ •   • ⓑ 한옥의 특징

3) ❸ •   • ⓒ 지역별 집의 구조와 특징

어휘와 표현2

- **짓다** 　예　내 친구는 나중에 시골에서 집을 **짓고** 살고 싶다고 했다.
- **느끼다** 　예　요즘 자주 아파서 그런지 건강의 중요성을 **느끼고** 있다.
- **당시** 　예　어제 사고가 났는데 나는 사고 **당시**의 기억이 나지 않는다.
- **개방적** 　예　너무 닫혀 있는 생각을 하는 것보다 **개방적**으로 생각할 필요도 있다.
- **흔히** 　예　그 가방은 요즘 유행이라서 **흔히** 볼 수 있다.
- **굽다** 　예　내 친구는 쿠키를 **구워서** 선물하는 것을 좋아한다.
- **제공하다** 　예　이번 워크숍에서는 점심을 **제공한다고** 합니다.
- **반면** 　예　내 동생은 키가 크다. **반면** 나는 키가 작다.
- **막다** 　예　비가 너무 많이 와서 우산을 써도 **막을** 수 없었다.
- **엿보다** 　예　이 소설에는 작가의 의도를 **엿볼** 수 있는 내용이 많이 나온다.

문법과 표현2

몡이자

어떤 것이 두 가지 특징을 동시에 가지고 있음을 나타냅니다.

예
1) 그 사람은 **기자이자** 방송인이다.
2) 우리 언니는 내게 **언니이자** 가장 친한 친구다.
3) 급한 성격은 나의 **장점이자** 단점이라고 할 수 있다.
4) 이곳이 이번 여행의 **시작이자** 마지막의 의미가 있는 곳이다.

✏️ 확인해 보세요

다음 표현을 사용하여 문장을 완성하세요.

(1) 나는 ＿＿＿＿＿＿＿＿＿＿＿ 마지막으로 언니에게 거짓말을 했다.
           (처음)

(2) 우리 형은 나에게 ＿＿＿＿＿＿＿＿＿ 내 인생에 가장 영향을 많이 준 사람이다.
                 (가족)

(3) 배우 김윤오 씨는 ＿＿＿＿＿＿＿＿＿ 성공한 사업가로 유명하다.
               (배우)

🔍 이 표현도 알고 있나요?

|동-도록

앞에 오는 내용이 뒤에 나오는 내용의 목적이나 결과, 정도임을 나타냅니다.

예 선생님은 우리가 잘 이해할 수 있도록 쉽게 설명해 주셨다.

다음 시험에는 꼭 합격할 수 있도록 최선을 다하겠습니다.

|몡을/를 비롯한, 몡을/를 비롯해서

명사를 첫 번째로 해서 그것을 중심으로 다른 것도 포함한다는 의미입니다.

예 방학에 스페인을 비롯해서 유럽 여러 나라를 여행했다.

나를 비롯한 우리 반 학생들은 모두 이번 대회에 참가했다.

정리하고 요약하기

읽은 내용을 따라 쓰고 단락을 정리해 보세요.

1) 각 단락의 중요한 단어를 메모해 보세요.

❶의
핵심 단어

❷의
핵심 단어

❸의
핵심 단어

2) 메모한 단어를 활용해서 단락의 내용을 요약해 보세요.

❶의
내용 정리

❷의
내용 정리

❸의
내용 정리

 **더 생각해 보기**

1. 여러분 나라의 전통 집은 어떤 특징이 있습니까? 한국의 전통 집과 어떤 점이 다릅니까?

> **TIPS**
>
> **차이점을 말할 때 이 표현을 사용해 보세요.**
> • 명은/는 명와/과 달리 동형-(ㄴ/는)다는
>   특징이 있습니다.
> • 명은/는 동형-(으)ㄴ/는 반면 명은/는
>   동형-(ㄴ/는)다는 점에서 차이가 있습니다.

2. 환경에 따라 집의 구조가 달라지는데 앞으로는 어떤 집이 나올지 이야기해 보세요.

3. 여러분은 앞으로 어떤 집에서 살고 싶습니까? 여러분이 살고 싶은 집에 대해 이야기해 보세요.

알아 두면 좋은 여행 이야기

서울은 현대와 과거가 공존하는 아름다운 도시다. 명동, 남대문 시장, 강남 등 외국인들도 많이 찾는 유명한 장소도 많지만 그 이외에도 가 볼 만한 곳이 아주 많은 곳이므로 매일 여행해도 날마다 새로운 느낌을 느낄 수 있다.

서울 홍보 영상 ①

- - - - - - - -

서울 홍보 영상 ②

익선동, 인사동 모두 가 보세요.

한국의 전통적인 아름다움을 느끼고 싶으면 한옥 마을에 가는 것을 추천한다. 서울에는 남산 한옥 마을을 비롯해서 북촌 한옥 마을, 서촌 한옥 마을 등이 있는데 한옥의 아름다움을 느끼고 다양한 체험도 할 수 있다. 지하철이나 버스 등 대중교통을 이용해서 가기도 쉽다.

그리고 익선동 근처에는 인사동이 있는데 이곳에는 한국의 전통문화를 느낄 수 있는 찻집이나 식당이 있고 다양한 작품을 감상할 수 있는 미술관, 귀엽고 아기자기한 소품을 볼 수 있는 가게들도 많다.

인사동, 익선동 소개

존경하는 사람

오늘도 서울을 구경해요.
오늘 우리가 나눌 이야기는
'세종대왕'이에요.

측우기

세종대왕

국립 한글박물관

광화문 광장

서울

경복궁
익선동
홍대입구
세종대왕 동상

서울식물원
여의도
한강

코엑스
강남
잠실
올림픽공원

세종이야기가
만들어지기까지
History Behind the Making of
The Story of King Sejong

광화문 세종이야기

국립한글박물관

이야기해 봅시다

훈민정음

한글 창제 원리

1. '한글'하면 가장 먼저 생각나는 것은 무엇입니까?

2. 한국어에서 가장 좋아하는 말은 무엇입니까?

광화문
세종이야기

　세종대왕은 한국 사람들이 존경하는 대표적인 인물로 한글 이외에도 많은 업적을 남긴 왕이다. '세종대로'라는 도로의 이름, 세종대왕 동상을 세워 기념한 광화문 광장, 만 원권 지폐 등을 통해 한국 사람들이 세종대왕을 얼마나 존경하는지 알 수 있다.

　광화문 광장에 있는 세종대왕 동상은 광화문 광장이 다시 만들어질 때 **보존할 정도로** 한국 사람들에게 많은 사랑을 받고 있다. 동상 아래쪽으로 내려가면 '광화문 세종이야기'라는 곳에 갈 수 있는데 이곳에는 세종대왕과 관련된 자료들도 보관되어 있어서 많은 사람들이 찾는다.

　또한 세종대왕과 관련된 자료를 모은 세종대왕 기념관도 있는데 이곳은 서울시 동대문구에 위치해 있다. 이 기념관에는 세종대왕이 만든 책들도 있고 조선시대의 과학과 관련된 자료도 볼 수 있다.

Q1. 세종대왕이 한국 사람들이 존경하는 대표적인 인물이라는 사실을 보여 주는 예를 찾아 쓰세요.

Q2. 세종대왕 박물관에서 볼 수 있는 것을 정리해서 써 보세요.

어휘1

- **동상**　　　　예 광화문에는 세종대왕과 이순신 장군의 **동상**이 있다.
- **관련되다**　　예 나는 발표를 잘하기 위해서 주제와 **관련된** 자료를 찾고 있다.
- **보관되다**　　예 중요한 서류가 **보관되어** 있는 파일을 찾았다.
- **위치하다**　　예 그 대학교는 서울의 중심에 **위치해** 있다.

문법과 표현1

동 형 -(으)ㄹ 정도

앞에 나오는 내용의 정도나 수준을 나타냅니다.

예
1) 어제 비가 너무 많이 와서 앞이 안 보일 **정도**였어요.

2) 그 영화를 너무 좋아해서 내용을 외울 **정도**로 많이 봤어요.

3) 이번 시험은 아무도 못 풀 **정도**로 어려웠다.

4) 드라마가 너무 슬퍼서 눈물이 날 **정도**였다.

✏️ **확인해 보세요**

다음 표현을 사용하여 문장을 완성하세요.

(1) 책의 내용을 모두 ＿＿＿＿＿＿＿＿＿＿＿ 많이 읽었다.
　　　　　　　　　　　　　(기억하다)

(2) 그 친구를 모르는 사람이 ＿＿＿＿＿＿＿＿＿ 학교에서 유명하다.
　　　　　　　　　　　　　　(없다)

(3) 내 친구는 홍차를 너무 좋아해서 매일 두 잔씩 ＿＿＿＿＿＿＿＿＿.
　　　　　　　　　　　　　　　　　　　　　　　　(마시다)

이야기해 봅시다

다음은 한국인에게 가장 존경을 받고 있는 세종대왕이 만든 것입니다.

자격루(1433년)

측우기(1441년)

앙부일구(1434년)

훈민정음(1443년)

세 종 대 왕

1. 세종대왕에 대해 "알고 있는 것"을 메모하고 이야기해 보세요.

2. 여러분 나라의 언어는 한국어와 비슷한 점이 있습니까? 여러분 나라의 언어에는 어떤 특징이 있는지 이야기해 보세요.

다음은 세종대왕에 대한 글입니다. 잘 읽고 물음에 답하십시오.

❶ 조선시대의 네 번째 왕인 세종대왕은 한글을 비롯한 여러 위대한 업적을 남긴 왕으로 한국인의 존경을 한 몸에 받고 있는 인물이다.

조선시대에는 보통 왕의 첫 번째 아들이 그 다음 왕이 되었기 때문에 셋째 아들인 세종은 왕이 될 가능성이 높지 않았다. 그런데 세종의 아버지인 태종의 첫 번째 아들은 어렸을 때 왕이 될 조건에 벗어나는 행동을 많이 하는 바람에 왕이 될 수 없게 되었고 둘째 아들은 스님이 되어 버려서 왕이 될 수 없었다. 그래서 세 번째 아들인 세종이 22살의 젊은 나이에 왕이 된 것이다. 사실 세종은 왕이 될 수 있을 정도로 지혜로운 사람이었지만 신하들이 자신을 왕으로 인정하지 않을까 봐 걱정을 했다고 한다. 그래서 자신이 해야 할 일에 더욱 최선을 다했다.

❷ 세종대왕은 어렸을 때부터 독서를 많이 했다. 어렸을 때 이름은 '이도'였는데 책 한 권을 100번씩 읽어서 내용을 거의 **외우다시피 했다**. 태종은 독서를 열심히 하는 아들의 눈이 나빠질까 봐 걱정이 돼서 이도가 보는 책을 모두 빼앗았고 읽을 책이 없어진 후 이도는 너무나 심심해했다. 그러던 어느 날 우연히 책 한 권을 찾게 된 이도는 그 책을 1,000번이 넘게 읽었다고 한다. 이도는 이렇게 무언가에 열중하고 열심히 했고, 왕이 된 후에도 항상 노력하고 또 노력했다.

❸ 밤낮으로 잠도 잊을 정도로 열심히 일한 세종대왕은 백성을 너무나 사랑한 왕이기도 했다. 한자를 주로 사용하던 시대였고 신분이 나뉘어 있던 시대였기 때문에 양반이 아닌 사람들은 한자를 배울 기회도 없었다. 세종은 그런 백성들이 자기가 하고 싶은 말을 할 수 있게 하고 싶었고 그런 이유로 한글(처음 만들었을 때의 이름은 '훈민정음'이었다.)을 만들게 되었다. 세종은 한글을 만들면서 시력도 점점 잃을 정도로 그 일에 몰두했다. 이렇게 백성을 사랑했던 책벌레 세종은 사랑하지 않을 수 없는 위대한 왕이다.

내용 확인 문제

1. 태종의 첫 번째 아들은 왜 왕이 되지 못했습니까?

    ① 스님이 되고 싶어 해서

    ② 왕이 되기에는 지혜가 부족해서

    ③ 왕이 되지 못할 행동을 많이 해서

2. 태종이 아들의 책을 빼앗은 이유는 무엇입니까?

3. 조선시대에 대한 설명으로 맞는 것을 고르세요.

    ① 왕의 첫 번째 아들이 왕이 되는 일은 거의 없었다.

    ② 한자를 배우고 싶지 않은 사람들은 한글을 배웠다.

    ③ 한자를 주로 사용해서 한자로 된 책을 백 번씩 읽어야 했다.

    ④ 신분이 나뉘어 있던 시대여서 교육의 기회에 차이가 있었다.

4. 각 단락의 제목으로 알맞은 것을 연결하세요.

    1) ❶ •   • ⓐ 백성을 사랑한 세종대왕

    2) ❷ •   • ⓑ 항상 공부하고 노력했던 세종대왕

    3) ❸ •   • ⓒ 세종에 대한 소개와 세종이 왕이 된 이유

어휘와 표현2

- **업적을 남기다** 　예 이 박사님은 과학 분야에서 큰 **업적을 남기**셨다.
- **한 몸에 받다** 　예 그 가수는 많은 사람의 관심을 **한 몸에 받**고 있다.
- **가능성** 　예 이번 모임에 못 갈 **가능성**도 있어.
- **인정하다** 　예 권윤오 씨는 많은 사람들이 **인정**하는 훌륭한 의사다.
- **최선을 다하다** 　예 나는 시험을 잘 보기 위해 **최선을 다**해 공부하고 있다.
- **빼앗다** 　예 동생의 장난감을 **빼앗**아서 동생이 화를 냈다.
- **열중하다** 　예 내 동생은 시험을 준비하고 있어서 지금 공부에 **열중**하고 있다.
- **노력하다** 　예 저는 항상 더 좋은 사람이 되려고 **노력**하고 있어요.
- **몰두하다** 　예 김 박사님은 새로운 약 개발에 **몰두**하고 있다.
- **책벌레** 　예 내 친구 윤오는 책을 많이 읽어서 친구들이 **책벌레**라고 부른다.

문법과 표현2

동-다시피 하다

동사의 행동을 실제로 한 것은 아니지만 그 행동과 거의 비슷하게 하거나 그렇게 말할 수 있음을 나타냅니다.

예

1) 캐서린 씨는 요즘 너무 바빠서 매일 **굶다시피** 하고 있어요.

2) 어제 시험공부하느라고 거의 밤을 **새우다시피** 했어요.

3) 그 사람은 게임에 빠져서 PC방에 **살다시피** 하고 있어요.

4) 저는 힘들어하는 캐서린 씨가 너무 걱정돼서 캐서린 씨 옆에 **붙어 있다시피** 하고 있어요.

✏️ 확인해 보세요

다음 표현을 사용하여 문장을 완성하세요.

(1) 내 친구가 갑자기 거의 _____ -(으)면서 도와 달라고 해서 놀랐다.
　　　　　　　　　　　　　　　(울다)

(2) 내 친구는 몽골 사람인데 한국에서 대학교에 다니고 있다. 그 친구는 나와 너무 친해서

　　우리 집에서 _____. 어제도 늦게까지 이야기하면서 놀다가 늦잠을 잤다.
　　　　　　　　　　　(살다)

　　우리는 학교까지 거의 _____.
　　　　　　　　　　　　　　　　　(뛰다)

🔍 이 표현도 알고 있나요?

┃ 동-는 바람에

앞의 내용이 원인이나 이유를 나타내는데 갑자기 생긴 어떤 일 때문에 뒤에 결과가 생겼을 때 사용합니다.

예 갑자기 사고가 **나는 바람에** 약속 시간에 늦었어요.

　　어떤 사람이 뒤에서 **미는 바람에** 넘어졌다.

┃ 동형-(으)ㄹ까 봐(서)

앞의 내용이 일어날 것 같아서 걱정함을 나타냅니다.

예 내일 발표를 해야 하는데 **실수할까 봐** 너무 걱정된다.

　　수업에 **늦을까 봐서** 택시를 타고 학교에 갔어요.

 **정리하고 요약하기**

읽은 내용을 따라 쓰고 단락을 정리해 보세요.

1) 각 단락의 중요한 단어를 메모해 보세요.

| ❶의
핵심 단어 | |

| ❷의
핵심 단어 | |

| ❸의
핵심 단어 | |

2) 메모한 단어를 활용해서 단락의 내용을 요약해 보세요.

| ❶의
내용 정리 | |

| ❷의
내용 정리 | |

| ❸의
내용 정리 | |

 **더 생각해 보기**

1. 세종대왕의 삶에서 배울 점은 무엇이라고 생각하는지 이야기해 보세요.

2. 여러분 나라에서 역사적으로 위대한 업적을 남긴 인물이나 가장 존경받는 인물은 누구인지 간단하게 소개해 보세요.

업적:

배울 점:

🔍 알아 두면 좋은 여행 이야기

서울과 서울에서 가까운 경기도 지역을 '수도권'이라고 하는데 서울 중심지를 비롯해서 경기도의 일부 지역과 강원도 춘천은 지하철과 연결된 기차로 갈 수 있다.

경의중앙선은 용산역을 지나 경기도 양평으로 갈 수 있고 경강선은 세종대왕릉역까지 이어져 있다. 세종대왕릉은 세종대왕의 묘가 있는 곳으로 경강선을 타고 갈 수 있다. 또한 경춘선은 춘천까지 이어져 있어 서울에서 춘천으로 출퇴근하는 사람들의 발이 되어 주고 있다. 지하철역에 대한 정보는 지하철 앱이나 인터넷으로 확인할 수 있는데 스마트폰에 앱을 다운받아 두면 출발지와 도착지도 검색할 수 있고 도착지까지 걸리는 시간 등의 정보도 알 수 있어서 유용하다.

기차를 타고
경기도를
여행해요.

디스커버
서울패스

이렇게 한국의 대중교통은 비교적 편리한데 서울에는 서울의 명소를 가 볼 수 있는 '디스커버 서울패스'라는 티켓이 있다. 이 티켓을 구입하면 관광지를 구경할 때 좀 더 저렴하게 이용할 수 있어서 유용하다. 이러한 티켓은 지역마다 차이가 있으므로 여행을 가기 전에 확인해 보면 도움이 될 것이다.

3 수원
Suwon → 강릉

'효'를 중시하는 한국인

오늘은 경기도 수원으로
가 볼까요?

오늘 우리가 나눌 이야기는
'효'예요.

경기도
홍보 영상 ①

경기도
홍보 영상 ②

파주 헤이리예술마을

파주 DMZ

파주 헤이리 예술 마을

경기도

에버랜드

수원 화성

한국 민속촌

한국 민속촌

파주 DMZ

 **이야기해 봅시다**

수원 화성

팔달문

거중기

수원 화성 박물관

1. 수원 화성에 가 본 적이 있습니까?

2. 옛날에 수원 화성은 어떻게 지었을까요? 옛날에 건물을 짓는 방법이 어땠을지 생각해
봅시다.

TIPS
• 거중기를 이용하다
• 물건을 쉽게 들어 올리다

수원 화성은 유네스코 세계 문화 유산에 등록될 정도로 예술적으로 우수한 건축물이다. 조선시대 수원 화성이 지어질 당시 수원 화성을 중심으로 신도시가 건설되었는데 이 덕분에 사람들은 경제적으로 풍요로움을 누릴 수 있게 되었고 수원 화성은 예술적, 경제적으로 우수한 건물이 되었다. 또한 수원 화성을 지을 때 과학적인 방법을 활용하여 건축 기간도 줄일 수 있었고 이를 계기로 조선시대 건축 기술이 더욱 발달하게 되었다.

수원 화성에 **간다면** '정조대왕 능행차' 재현 축제가 열리는 10월쯤에 가 보는 것이 좋다. 세종대왕과 더불어 조선시대의 위대한 왕으로 존경받는 정조의 행차 모습을 볼 수 있을 것이고 그때쯤 수원 화성 문화제도 열리니 볼거리가 다양할 것이다.

Q1. 수원 화성이 예술적, 경제적으로 우수한 이유는 무엇인지 찾아 쓰세요.

Q2. 수원 화성에 10월쯤 가는 것이 좋은 이유는 무엇인지 찾아 쓰세요.

어휘1

- **예술적** 　　예 그 친구는 **예술적** 감각이 뛰어난데 특히 그림을 잘 그린다.
- **우수하다** 　예 우리 언니는 대학교를 **우수한** 성적으로 졸업했다.
- **건설되다** 　예 여기에 아파트가 **건설된다고** 한다.
- **경제적** 　　예 경제가 어려워지면서 **경제적인** 문제 때문에 많은 문제가 생기고 있다.
- **누리다** 　　예 사람은 누구나 행복과 자유를 **누리면서** 살고 싶어 한다.
- **계기** 　　　예 한국에 유학을 오게 된 **계기**가 무엇입니까?
- **행차** 　　　예 옛날에는 왕이 **행차**를 할 때 모두 고개를 숙여야 했다.
- **볼거리** 　　예 지난번에 인사동에 갔는데 **볼거리**가 많아서 재미있었다.

문법과 표현1

동-ㄴ/는다면, 형-다면

어떤 사실이나 상황을 가정하여 나타냅니다.

예　　1) 만약 복권에 **당첨된다면** 세계 여행을 하고 싶어요.

　　　2) 미래를 알 수 **있다면** 어떤 일이 생길까요?

　　　3) 제가 만약 고등학생 때로 다시 **돌아간다면** 좀 더 열심히 공부했을 것 같아요.

　　　4) 우리 집 강아지가 말을 **한다면** 사랑한다고 이야기할 거예요.

✏️ 확인해 보세요

다음 표현을 사용하여 문장을 완성하세요.

(1) 로라 씨가 만약 외국으로 유학을 _____ 어디로 가고 싶어요?
　　　　　　　　　　　　　　　　　　　(가다)

(2) 이 세상에 시험이 _____ 좀 더 편해질 수 있을 것 같아요.
　　　　　　　　　　　(없다)

(3) 좋아하는 사람한테서 고백을 _____ 정말 행복할 거예요.
　　　　　　　　　　　　　　　(받다)

다음은 한국 20대 남녀를 대상으로 "효도"에 대한 생각을 조사한 결과입니다.

1. 부모님의 사랑을 가장 많이 느낄 때가 언제입니까?

2. 여러분은 "효도"가 무엇인지 알고 있습니까? '효도'에 대해 어떻게 생각하고 있습니까?

다음은 한국인의 효도에 대한 글입니다. 잘 읽고 물음에 답하십시오.

❶ 한국에는 '부모님은 기다려 주지 않는다'는 말이 있다. 이 말은 부모님은 언제 돌아가실지 모르기 때문에 돌아가신 후에 효도하지 못한 것을 후회하지 말고 부모님이 살아계실 때 효도해야 한다는 말이다. 한국에는 이렇게 '효'를 나타내는 말이 많다. '효'는 부모님을 잘 모시는 일을 가리키는 말인데 자신의 부모님을 사랑하고 존경하는 것을 의미한다. '효심이 깊다', '효도하다', '효자', '효녀' 등 '효' 문화가 강한 한국에서 '효'는 중요한 문화 중의 하나이자 계속 이어져야 할 가치이다. 한국 사람치고 어릴 때부터 부모님께 효도해야 한다고 듣지 않은 사람은 없을 정도로 '효도'의 중요성을 어렸을 때부터 배운다.

❷ 수원 화성에 오르면 부모님을 잘 모시고자 했던 조선시대 정조대왕의 효심을 느낄 수 있다. 정조대왕은 어린 나이에 아버지의 억울하고 비극적인 죽음을 보게 되고 왕이 된 후 아버지의 억울함을 풀기 위해 수원 화성을 만들었다. 그리고 정조대왕은 돌아가신 어머니의 생신을 축하하기 위해 대규모의 행차를 하기도 했다. 사실 이 행차는 단순히 정조대왕의 효심 때문만은 아니었는데 행차 길을 오고 가면서 백성들의 생활을 살펴보기도 하고 백성들의 이야기를 듣기도 하는 등 소통의 시간을 가지기 위해 실시한 것이라고 한다. 이 행차는 요즘에 하나의 축제로 재현되고 있다. 여러 목적이

정도대왕 능행차 공동재현

있었지만 그래도 가장 큰 목적은 부모님에 대한 효심을 표현하는 것 아니었을까?

❸ 그런데 이렇게 정조의 이야기만 효를 주제로 한 것은 아니다. 한국의 옛날이야기에는 효를 주제로 한 것들이 많은데 부모님을 위해 자신을 희생하는 이야기, 부모님을 잘 모시지 못해서 후회하는 사람의 이야기 등 다양하다. '효'를 중요시 여긴 한국 사람들은 지금도 부모님을 기쁘게 해 드리는 자식이 되기 위해 최선을 다하고 있다. 부모님은 나이가 들면 **약해지기 마련인데** 자식들은 부모님이 나이가 들어도 잘 돌보면서 열심히 살아간다. 이렇게 '효'는 과거에도 그랬고 현재, 그리고 미래에도 한국의 중요한 문화일 것이다.

내용 확인 문제

1. 한국의 '효' 문화를 표현하는 말을 찾아 쓰세요.

2. '효'에 대한 설명으로 맞는 것을 고르세요.

① 부모님을 잘 모시고 존경하는 것이다.

② 부모님을 기다리는 마음을 나타낸 문화다.

③ 한국에서는 어린이들에게 효를 강조하지 않는다.

3. 이 글의 내용과 다른 것을 고르세요.

① 요즘 정조대왕의 행차를 축제로 재현하고 있다.

② 수원 화성은 부모님을 위해 정조대왕이 만든 곳이다.

③ 정조대왕의 아버지는 억울하게 죽었다고 알려져 있다.

④ 정조대왕은 수원 화성에 백성들을 불러서 이야기를 들었다.

4. 각 단락의 제목으로 알맞은 것을 연결하세요.

1) ❶ •   • ⓐ '효'의 의미와 중요성

2) ❷ •   • ⓑ 한국의 중요한 문화인 효

3) ❸ •   • ⓒ 정조대왕의 효심이 담긴 수원 화성

어휘와 표현2

- **가리키다**   예 요즘 '대박'이라는 말이 좋은 일과 나쁜 일이 생긴 것을 **가리킬** 때 모두 사용되고 있다.

- **억울하다**   예 내가 잘못한 일이 아닌데 친구들이 내 잘못이라고 해서 정말 **억울했다**.

- **비극적**   예 그 소설에서 주인공의 **비극적인** 삶을 보면서 너무 마음이 아팠다.

- **단순히**   예 그 회사를 그만둔 것은 **단순히** 월급 문제 때문이 아니다.

- **소통**   예 오스틴 씨는 외국 사람이지만 한국 사람들과 **소통**에는 문제가 없다.

- **실시하다**   예 대학생 200명을 대상으로 한국 문화에 대해 설문조사를 **실시했다**.

- **재현되다**   예 이번 행사에서 조선시대 평범한 사람들의 생활이 **재현되었다**.

- **여기다**   예 라라 씨는 제가 소중하게 **여기는** 친구예요.

동 형 -기 마련이다

어떤 일이 일어나는 것, 어떤 상태가 되는 것이 당연함을 나타낼 때 사용합니다.
'-게 마련이다'로 표현하기도 합니다.

예

1) 겨울이 지나면 봄이 오기 마련입니다.

2) 누구나 처음에는 실수하기 마련이에요.

3) 장점이 있으면 단점도 있게 마련이다.

4) 한 번 시작한 거짓말은 점점 커지게 마련이에요.

✏️ 확인해 보세요

다음 표현을 사용하여 문장을 완성하세요.

(1) 중요한 시험을 보면 _____.
　　　　　　　　　　　　　　　　(긴장하다)

(2) 사람은 누구나 _____.
　　　　　　　　　　　　　　(변하다)

(3) 나쁜 일을 하면 _____.
　　　　　　　　　　　　　(벌을 받다)

🔍 이 표현도 알고 있나요?

| 명 치고

앞의 말이 예외가 없이 뒤의 내용과 같다, '모두 그렇다'는 의미입니다.

예 아이치고 장난감을 싫어하는 아이는 없다.

엄마가 만든 음식치고 맛없는 게 없어요.

| 동 -기 위해

어떤 일의 목적을 나타냅니다.

예 한국 회사에서 일하기 위해 한국어를 배웠습니다.

대학교에 합격하기 위해 열심히 준비하고 있습니다.

따라 써 보기 다운로드

 **정리하고 요약하기**

읽은 내용을 따라 쓰고 단락을 정리해 보세요.

1) 각 단락의 중요한 단어를 메모해 보세요.

❶의
핵심 단어

❷의
핵심 단어

❸의
핵심 단어

2) 메모한 단어를 활용해서 단락의 내용을 요약해 보세요.

❶의
내용 정리

❷의
내용 정리

❸의
내용 정리

더 생각해 보기

1. 사랑하는 사람에게 자신의 마음을 잘 표현하는 편입니까? 여러분이 가장 사랑하는 사람에게 자신의 마음을 어떻게 표현하고 싶은지 이야기해 보세요.

2. 부모님의 사랑은 조건이 없다고 합니다. 여러분은 사랑에 조건이 필요하다고 생각합니까? 그렇다면 어떤 조건이 필요한지 이야기해 보세요.

3. 여러분 나라의 문화 중에서 후대에도 물려주고 싶은 문화는 무엇인지 이야기해 보세요.

알아 두면 좋은 여행 이야기

서울에서 가까운 경기도에는 다양한 관광지가 있다. 수원에는 수원 화성 이외에도 다양한 관광지가 있고 수원 왕갈비와 같은 유명한 음식도 많다.

그리고 인천공항이 있는 인천에는 차이나타운을 비롯해서 송월동 동화마을, 영종도 을왕리 해수욕장 등 명소가 많고 그 외에도 한국 민속촌이나 광명동굴, 헤이리 예술 마을, 파주 DMZ 등 가 볼 만한 곳이 많다.

인천 송월동 동화 마을

인천 홍보
영상

광명동굴

양평 두물머리

여기에도
가 보세요.

한국에 온다면 혹은 한국에 있다면 서울에서 벗어나 맛과 멋이 가득한 경기도에서 여행해 보는 것도 좋을 것이다.

파주헤이리
예술 마을

커피 이야기

오늘의 여행지는 강릉입니다.
강릉은 어떤 곳일까요?

강릉에서 우리가 나눌 이야기는
'커피'예요.

강릉
홍보 영상 ①

강릉
홍보 영상 ②

강원도

경포해변

경포호

오죽헌

강릉역

강릉커피거리

국립대관령
치유의 숲

정동진

대관령 양떼 목장

경포대

정동진역

❹ 커피 이야기

이야기해 봅시다

다음은 한국인이 가장 자주 먹는 음식에 대한 조사 자료입니다.

한국인, 가장 자주 먹는 음식은?

1위	커피
2위	배추김치
3위	잡곡밥

1. 자주 마시는 음료수가 있습니까?

2. 여러분이 매일 먹는 음식은 무엇입니까?

강릉
커피거리

　강원도 강릉에는 커피 거리가 있다. 이곳은 원래 커피 자판기가 있어서 사람들이 바다를 보면서 자판기 커피 한 잔을 하던 곳이었다. 그런데 2000년 이후 바리스타들이 하나둘 모여서 지금의 커피 거리를 만들었다고 한다.

　강릉 커피 거리에서는 유명한 카페의 똑같은 커피 맛이 아니라 각 카페에서만 맛볼 수 있는 다양한 맛과 향의 커피를 즐길 수 있다. 매년 10월에는 커피 축제도 열리는데 이 축제에서는 다양한 커피를 맛볼 수 **있을 뿐만 아니라** 바리스타를 뽑는 대회가 열리는 등 다양한 행사가 진행되기도 한다.

　한국 사람들이 많이 마시는 커피, 그 다양한 맛과 향의 매력을 느껴 보려면 강릉 커피 거리로 떠나 보는 것은 어떨까?

Q1. 강릉 커피 거리는 원래 어떤 곳이었습니까?

Q2. 강릉 커피 축제에서 어떤 행사를 하는지 찾아 쓰세요.

어휘1

- **자판기** 예 사무실 앞에는 커피 **자판기**가 있어서 커피를 마시기 편하다.
- **바리스타** 예 커피를 전문적으로 만드는 사람을 **바리스타**라고 한다.
- **진행되다** 예 회의 자료를 열심히 준비해서 회의가 잘 **진행되었다**.

문법과 표현1

동 형 -(으)ㄹ 뿐만 아니라

앞의 내용에 뒤의 내용까지 더해서 말할 때 사용합니다.

예
1) 그 회사는 일이 **많을 뿐만 아니라** 월급도 적다.

2) 그 집은 교통이 **편리할 뿐만 아니라** 집세도 싸서 좋다.

3) 오스틴 씨는 한국어를 **잘할 뿐만 아니라** 프랑스어도 잘한다.

4) 아침부터 밥도 많이 **먹었을 뿐만 아니라** 간식도 많이 먹어서 배가 부르다.

✏️ **확인해 보세요**

다음 표현을 사용하여 문장을 완성하세요.

(1) 그 가수는 노래도 잘 _____ 춤도 잘 춰서 인기가 많다.
(부르다)

(2) 내 동생은 성격이 _____ 마음도 넓어서 친구가 많다.
(좋다)

(3) 적당한 운동을 하면 스트레스를 _____ 건강에도 좋다.
(풀 수 있다)

 **이야기해 봅시다**

커피는 건강에 좋을까요? 나쁠까요? 다음 그림을 보고 커피는 건강에 좋은지 안 좋은지
생각해 보고 자신의 의견을 이야기해 보세요.

커피에는 탄수화물, 단백질도 있어요.
그래서 간을 보호한다고 해요.

너무 많이 마시면 안 좋아요.
카페인은 하루에 300mg을
안 넘는 게 좋아요.

 TIPS

• 카페인이 많다
• 부작용이 많다
• 적당히 마시다

읽기2

다음은 루왁 커피에 대한 글입니다. 잘 읽고 물음에 답하십시오.

❶ '루왁'이라고 불리는 사향 고양이는 커피 열매를 좋아하는 특이한 종류의 고양이다. 주로 동남아시아에서 서식하는데 보통 고양이에 비해 약간 크다. 이 고양이는 꼬리가 길고 후각이 발달해서 잘 익은 열매만 먹는데 특히 커피 열매를 가장 좋아한다. 그런데 사향 고양이가 커피나무에서 나는 가장 좋은 열매들을 먹어 버리는 바람에 커피를 재배하는 사람들은 이 고양이를 매우 싫어했다.

그러던 어느 날, 사향 고양이의 배설물을 치우던 사람들은 이 고양이가 먹은 커피 열매는 바깥 부분만 소화가 되고 열매 안의 커피 원두는 여전히 그대로 남게 된다는 것을 알게 되었다. 그래서 사람들은 사향 고양이의 배설물을 모아서 원두를 가려내기로 했고 사향 고양이의 배설물에서 찾아낸 원두는 씻은 후 볶아서 커피로 만들어졌다. 이 커피가 가장 비싼 커피 중의 하나인 '루왁 커피'다.

❷ 사람들은 루왁 커피에서 초콜릿과 캐러멜 맛이 나고 아주 맛있다고 말한다. 커피 열매가 고양이의 배 속에서 소화 과정을 거치는 동안 그 원두는 특별한 향과 맛을 갖게 되는 것이다. 이 원두는 매년 400~500kg밖에 생산되지 않기 때문에 한 잔에 매우 비쌀 수밖에 없다. 한국의 호텔에서는 한 잔에 4~5만 원 선에서 판매될 정도인데 그럼에도 불구하고 커피 애호가들은 그 정도의 가치가 있다고 말한다.

그러나 이렇게 동물을 이용한 커피는 동물 학대라는 입장도 있다. 특히 사향 고양이들이 좁은 곳에 갇혀서 커피 열매만 사료로 먹으면서 커피를 생산하고 있다는 기사가 보도되었고 그 사실이 **보도되자** 동물 단체를 중심으로 사향 고양이를 커피 생산을 위한 기계처럼 대한다면서 불매 운동이 벌이기도 했다.

❸ 강릉에서도 루왁 커피를 맛볼 수 있다. 한국에서는 커피나무가 자라지 않기 때문에 루왁 커피를 만들어 낼 수 없다. 그런데 강릉의 한 카페에서 사향 고양이의 소화 과정을 연구하여 루왁 커피를 생산하게 되었고 이 기술을 통해 모든 커피콩을 루왁으로 만들 수 있게 되었다. 이 방법은 환경 친화적이고 동물을 학대하지 않을 수 있는 방법이다. 아무리 커피가 맛있다고 해도 자연적으로 얻어낼 수 없는 것이라면 더 이상 욕심을 부리면 안 된다. 강릉의 한 카페에서 시작한 것처럼 인간을 위해 동물이 희생하는 일이 발생하지 않도록 방법을 찾아야 할 것이다.

내용 확인 문제

1. 사향고양이의 특징이 <u>아닌</u> 것을 고르세요.

　① 커피 열매를 좋아한다.

　② 잘 익은 열매는 먹지 않는다.

　③ 꼬리가 길며 후각이 발달했다.

2. 루왁 커피를 만드는 원두의 생산량은 어느 정도입니까?

3. 루왁 커피에 대한 설명으로 맞지 <u>않는</u> 것을 고르세요.

　① 루왁 커피는 사향 고양이의 배설물에서 나온 원두로 만들었다.

　② 강릉의 카페에서는 사향 고양이를 키워 루왁 커피를 만들고 있다.

　③ 사향 고양이의 소화 과정 때문에 루왁 커피에서는 초콜릿과 캐러멜 맛이 난다.

　④ 루왁 커피 생산을 위해 고양이를 학대한다는 이유로 사람들은 불매 운동을 하기도 했다.

4. 각 단락의 제목으로 알맞은 것을 연결하세요.

　1) ❶ •　　　　　　　　　　　• ⓐ 사향 고양이와 루왁 커피

　2) ❷ •　　　　　　　　　　　• ⓑ 루왁 커피에 대한 사람들의 의견

　3) ❸ •　　　　　　　　　　　• ⓒ 동물을 희생하지 않는 방법을 찾은 강릉의 한 카페

어휘와 표현2

- **특이하다**　　　예 우리 언니는 **특이한** 디자인의 가방을 좋아한다.
- **서식하다**　　　예 지구 온난화 때문에 북극곰이 **서식하는** 곳이 점점 줄어들고 있다.
- **가려내다**　　　예 우리 형은 공장에서 불량품을 **가려내는** 일을 한다.
- **거치다**　　　　예 이 자동차는 복잡한 제작 과정을 **거쳐서** 완성된다고 한다.
- **애호가**　　　　예 내 친구는 동물을 사랑하는 **애호가**라서 동물 문제에 관심이 많다.
- **학대**　　　　　예 아이나 동물을 **학대하는** 사람을 보면 정말 화가 난다.
- **입장**　　　　　예 이번 일에 대해 정부는 공식적인 **입장**을 아직 발표하지 않았다.
- **운동**　　　　　예 요즘 환경을 보호하기 위해 일회용품 줄이기 **운동**을 하고 있다.
- **욕심을 부리다**　예 모든 일에 너무 **욕심을 부리면** 안 된다.
- **희생하다**　　　예 그 소방관은 사람들을 구하기 위해 자신을 **희생했다.**

문법과 표현2

> # 동-자

동사가 나타내는 행동이 끝나고 뒤의 일이 이어서 일어남을 나타내거나 앞에 오는 내용이 뒤의 내용의 원인이나 동기가 됨을 나타냅니다.

> **예** 1) 집에서 **나오자** 비가 내렸다.
>
> 2) 언니가 갑자기 화를 **내자** 오빠는 당황스러운 표정으로 나가 버렸다.
>
> 3) 날이 **추워지자** 밖에서 노는 아이들이 점점 줄어들었다.
>
> 4) 선생님이 **들어오시자** 교실 안은 갑자기 조용해졌다.

✐ 확인해 보세요

다음 표현을 사용하여 문장을 완성하세요.

(1) 팀원들이 모두 ＿＿＿＿＿＿＿＿＿＿ 팀장님은 말씀을 시작하셨다.
　　　　　　　　　　(모이다)

(2) 산 위에 ＿＿＿＿＿＿＿＿＿＿ 갑자기 눈이 오기 시작했다.
　　　　　　　(도착하다)

(3) 내 친구 캐서린이 나한테 선물을 줬는데 나는 캐서린의 정성이 담긴 선물을
＿＿＿＿＿＿＿＿ 눈물이 났다.
　　(보다)

🔎 이 표현도 알고 있나요?

┃ 동형-(으)ㄹ 수밖에 없다

다른 방법이나 가능성이 없다는 의미를 나타냅니다.

> **예** 밥이 없으니까 라면이라도 먹을 수밖에 없네요.
>
> 그 사람은 노래도 잘하고 춤도 잘 추니까 인기가 많을 수밖에 없어요.

┃ 동-ㄴ/는다면서, 형-다면서

어떤 말을 하면서 행동을 하는 것을 나타냅니다.

> **예** 언니는 일찍 회사에 가야 한다면서 밥도 안 먹고 출근했어요.
>
> 형은 시험이 많다면서 밤늦게까지 도서관에서 공부했어요.

 **정리하고 요약하기**

읽은 내용을 따라 쓰고 단락을 정리해 보세요.

1) 각 단락의 중요한 단어를 메모해 보세요.

❶의 핵심 단어	
❷의 핵심 단어	
❸의 핵심 단어	

2) 메모한 단어를 활용해서 단락의 내용을 요약해 보세요.

❶의 내용 정리	
❷의 내용 정리	
❸의 내용 정리	

 더 생각해 보기

1. 루왁 커피의 예처럼 인간의 이익을 위해 동물을 희생하는 것에 대한 자신의 생각을 이야기해 보세요.

2. 인간과 동물의 아름다운 공존을 위해 우리가 해야 할 일은 무엇인지 이야기해 보세요.

3. 교육, 시험, 연구 등의 목적으로 동물을 대상으로 실시하는 동물 실험이 여전히 이루어지고 있습니다. 이러한 동물 실험에 대한 자신의 생각을 정리해 보고 찬성과 반대 팀으로 나누어 토론해 보세요.

TIPS
- 동물을 학대하다
- 불필요하게 동물 실험이 진행되다
- 동물 실험 이외의 대안이 없다
- 신뢰도가 높다
- 대체할 기술이 없다

알아 두면 좋은 여행 이야기

강원도 강릉은 커피뿐만 아니라 아름다운 바다로도 유명하다. 예전에 인기를 끌었던 드라마 '도깨비'의 촬영지가 있는 곳도 바로 강릉이다. 동해 쪽에 위치해 있어서 해가 뜨는 '일출'을 보러 가는 사람들이 많은데 특히 연말에는 일출을 보면서 소원을 빌려고 하는 관광객으로 붐빈다. 그리고 강릉은 두부로도 유명한데 두부로 만든 아이스크림도 인기가 많다. 그리고 초당 옥수수도 빼놓을 수 없는 음식이다. 이렇게 자연이 주는 아름다움을 느끼기 충분한 강릉에 가 보면 좋을 것이다.

두부

초당 옥수수

📍 **어떻게 가요?**

서울에서 고속버스나 KTX를 타고 갈 수 있어요.

버스로 3시간 30분 정도 걸리고 KTX로 2시간 30분 정도 걸려요.

서울 — 3시간 30분 — 강릉
2시간 30분
1h 2h 3h 4h

※자세한 정보는 인터넷에서 확인하세요.

드라마 '도깨비'에
강릉이 나왔어요.

드라마 영상

강릉에 가 보고 싶으면
이 영상을 보세요.

강릉
홍보 영상

한국인과 등산

오늘은 강원도 설악산으로
가 볼까요?
오늘 우리가 나눌 이야기는
'등산'이에요.

강원도 속초
해파랑 둘레길

속초 홍보 영상

강원도

설악산

낙산사

남이섬

오죽헌

대관령 양떼 목장

미륵산

구룡사

태백산

다음은 한국에서 유명한 산을 나타낸 지도입니다.

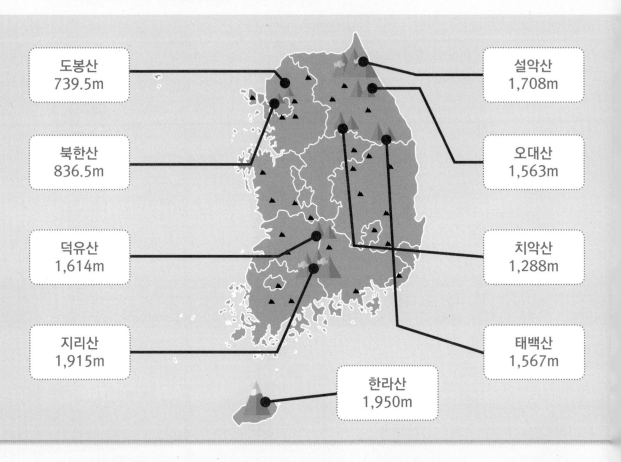

도봉산
739.5m

설악산
1,708m

북한산
836.5m

오대산
1,563m

덕유산
1,614m

치악산
1,288m

지리산
1,915m

태백산
1,567m

한라산
1,950m

1. 등산을 한 적이 있습니까?

2. 산과 바다 중에서 어디를 더 좋아합니까? 그 이유는 무엇입니까?

읽기1

설악산
국립공원

　한국은 바다로 둘러싸여 있는 '반도'다. 그래서 한국에는 바다도 많지만 국토의 70%가 산이다. 에베레스트산만큼 높고 험한 산은 없어도 꽤 높은 산들이 많다. 제주도에 있는 한라산은 1950m로 한국에서 가장 높은 산이다. 그리고 강원도에 있는 설악산도 꽤 높은데 높이가 1708m나 되고 강원도 속초, 양양, 인제, 고성에 넓게 걸쳐 있다. 설악산은 한국 사람이 가장 좋아하는 산으로 사계절 모두 경치가 **아름다우면서** 볼거리도 많아서 해마다 많은 관광객이 이곳을 찾는다. 등산이 어렵다면 케이블카를 타고 올라가도 괜찮다. 한국의 산은 케이블카를 타고 올라갈 수 있는 곳이 많기 때문이다. 산 정상에서 아래를 바라보면 그 아름다움에 할 말을 잠시 잃게 될 것이다.

Q1. 한국의 지형적인 특징은 무엇인지 찾아 쓰세요.

Q2. 사람들이 설악산에 자주 가는 이유는 무엇인지 쓰세요.

어휘1

- **둘러싸이다** 예 그 가수는 팬들에게 **둘러싸여** 있다.
- **험하다** 예 한국의 '지리산'은 **험하기로** 유명해서 등산을 처음 하는 사람들은 잘 준비해야 한다.
- **꽤** 예 이번 시험은 지난번 시험보다 **꽤** 잘 본 것 같아요.
- **바라보다** 예 두 사람은 아무 말 없이 서로를 **바라보기만** 했다.

문법과 표현1

동 형 -(으)면서

두 가지 동작이 함께 일어나거나 두 가지 상태가 함께 있음을 나타냅니다.

예 1) 내 동생은 **작으면서** 귀여운 인형을 좋아한다.

2) 이번 주 서울은 **맑으면서** 더운 날이 계속된다고 합니다.

3) 이 옷은 **편하면서** 세련된 느낌을 준다.

4) 요즘 아르바이트를 **하면서** 한국어 수업을 듣고 있어요.

✏️ 확인해 보세요

다음 표현을 사용하여 문장을 완성하세요.

(1) 제가 키우는 강아지는 _____ 사랑스러운 제 친구예요.
　　　　　　　　　　　　　　　　　(귀엽다)

(2) 그곳은 _____ 다양한 매력이 있는 관광지이다.
　　　　　　　　　(아름답다)

(3) 내 친구는 아주 _____ 재미있는 사람이라서 인기가 많다.
　　　　　　　　　　　　　　(착하다)

이야기해 봅시다

다음은 한국 사람들이 가장 좋아하는 취미를 나타낸 그래프입니다.

한국인이 가장 좋아하는 취미

2005 2020

등산 9% / 11%

음악 감상 8% / 7%

운동 /헬스 5% / 7%

게임 5% / 6%

독서 8% / 5%

1. 여러분 나라에서는 어떤 취미 활동을 가장 많이 합니까?

2. 여러분이 하고 있거나 하고 싶은 취미 활동은 무엇입니까?

다음은 등산에 대한 글입니다. 잘 읽고 물음에 답하십시오.

❶ 한국에는 가볍게 걸을 수 있는 둘레길도 많고, 설악산과 같이 높은 산도 등산하기 편하도록 등산로가 잘 조성되어 있다. 그래서 그런지 한국인들은 산에 가는 것을 좋아하는데 특히 주말이 되면 등산복을 입고 산에 가는 사람들을 자주 볼 수 있을 것이다. 최근 설문조사에 따르면 한국인이 좋아하는 취미로 2004년 이후 약 20년 동안 '등산'이 꾸준히 1위를 차지하고 있다고 한다.

❷ 그렇다면 한국인은 왜 등산을 좋아하고 즐길까? 단순히 한국에 산이 많아서일까? 그런 이유만은 아닐 것이다. 우선 등산은 온몸을 움직이는 전신운동이라서 건강에도 좋고 기분 전환도 할 수 있다. 그리고 등산을 좋아하는 사람들은 높은 산에 올라가는 것이 힘들게 느껴질 수도 있지만 산 위에 올라서 시원한 바람을 **느끼며** 아름다운 경치를 보면 스트레스가 풀린다고 입을 모아 말한다. 그리고 산을 올라가는 길에 따라 등산하는 느낌이 달라지기 때문에 쉽게 질리지 않는다고 한다. 그래서 봄, 가을은 물론이고 겨울에도 등산을 하는 사람들이 많을 정도다.

❸ 그렇지만 등산을 할 때는 잘못하면 큰 사고로 이어질 수 있기 때문에 주의해야 할 점이 있다. 우선 등산을 할 때는 체온 유지에 신경을 써서 옷을 입는 것이 좋다. 특히 봄에 일교차가 심할 때는 낮에 기온이 많이 올라가기 때문에 덥다고 느껴서 옷을 가볍게 입는 경우가 많다. 그러나 산에서는 기온 차이를 심하게 느낄 수 있기 때문에 얇은 옷을 여러 벌 입고 더우면 벗는 것이 더 낫다.

그리고 등산하기 전 가벼운 준비운동을 하고 올라가는 것이 좋다. 산에 올라가는 것은 많은 힘을 쓰는 일이기 때문에 충분한 준비운동을 해야 등산 후에도 덜 힘들다고 한다.

또한 해가 뜨는 시간과 해가 지는 시간을 확인하고 올라가는 것도 도움이 된다. 특히 겨울에는 해가 짧기 때문에 빨리 내려올 수 있는 길을 선택하는 것이 좋다. 해가 지면 산의 기온이 빠르게 떨어지기 때문에 위험할 수 있다.

이러한 점을 주의한다면 등산을 더욱 즐길 수 있을 것이다. 일상에서 스트레스 때문에 힘들거나 운동을 하고 싶다면 등산의 매력에 한번 빠져 보기 바란다.

내용 확인 문제

1. 한국인이 가장 좋아하는 취미 활동은 무엇입니까?

2. 한국 사람들이 등산을 좋아하는 이유로 맞지 <u>않는</u> 것을 고르세요.

① 온몸을 움직이기 때문에

② 기분 전환이 가능하기 때문에

③ 정상에 가면 힘들게 느껴지기 때문에

④ 등산길에 따라 느낌이 다르기 때문에

3. 등산할 때 주의할 점으로 알맞은 것을 고르세요.

① 더운 여름에는 옷을 가볍게 입어야 한다.

② 등산하기 전에 준비운동을 충분히 해야 한다.

③ 체온 유지에 도움이 되는 두꺼운 옷을 많이 입어야 한다.

④ 겨울에는 빨리 해가 일찍 뜨기 때문에 일찍 출발해야 한다.

4. 각 단락의 제목으로 알맞은 것을 연결하세요.

1) ❶ •   • ⓐ 등산을 할 때 주의할 점

2) ❷ •   • ⓑ 한국인이 좋아하는 취미 '등산'

3) ❸ •   • ⓒ 한국인이 등산을 좋아하는 이유

어휘와 표현2

- **조성되다** 　예 여기는 공원이 잘 **조성되어** 있어서 산책하기 좋다.
- **꾸준히** 　예 한국어를 잘하기 위해 매일 단어를 20개씩 **꾸준히** 외우고 있다.
- **입을 모으다** 　예 오스틴 씨는 정말 좋은 학생이라고 선생님들이 **입을 모아** 칭찬한다.
- **질리다** 　예 한 달 정도 매일 아침마다 같은 빵을 먹었는데 이제 **질려서** 못 먹겠다.
- **힘을 쓰다** 　예 동생은 형을 이기려고 **힘을 썼지만** 이길 수 없었다.
- **충분하다** 　예 시험이 있는데 준비할 시간이 **충분하지** 않아서 걱정이다.

문법과 표현2

동 형 -(으)며

두 가지 이상의 동작이나 상태를 나열함을 나타냅니다.

예

1) 내 친구 라라는 성실하고 마음이 **넓으며** 책임감이 강하다.

2) 등산은 건강에 **좋으며** 스트레스 해소에도 도움이 된다.

3) 오늘은 바람이 많이 **불겠으며** 일부 지역에는 비도 오겠습니다.

4) 라라 씨와 나는 많은 이야기를 **나누며** 조금씩 친해졌다.

✏️ 확인해 보세요

다음 표현을 사용하여 문장을 완성하세요.

(1) 한국은 경치가 _____ 음식도 맛있다.
(아름답다)

(2) 한국의 봄은 날씨도 _____ 꽃도 많이 핀다.
(따뜻하다)

(3) 그 건물에는 도서관도 있고 커피숍도 _____ 노래방도 있다.
(있다)

🔍 이 표현도 알고 있나요?

| 명 에 따라

앞의 명사가 기준이 되어 그 기준이나 상황에 근거해서 달라지는 것을 의미합니다.

예 날씨에 따라 기분도 달라진다.

비행기 요금은 거리에 따라 다르다.

| 명 은/는 물론이고

앞의 내용은 말할 필요가 없을 정도라는 의미입니다.

예 오늘 모임에 우리 반 친구들은 물론이고 옆 반 친구들까지 왔다.

그 가수는 노래는 물론이고 연기도 잘한다.

 정리하고 요약하기

읽은 내용을 따라 쓰고 단락을 정리해 보세요.

1) 각 단락의 중요한 단어를 메모해 보세요.

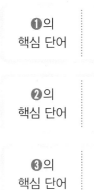

❶의
핵심 단어

❷의
핵심 단어

❸의
핵심 단어

2) 메모한 단어를 활용해서 단락의 내용을 요약해 보세요.

❶의
내용 정리

❷의
내용 정리

❸의
내용 정리

 **더 생각해 보기**

1. 건강에 좋은 운동은 무엇이 있습니까? 그 운동을 할 때 주의해야 할 점을 이야기해 보세요.

2. 건강을 지키기 위한 나만의 특별한 방법을 이야기해 보세요.

3. 건강을 유지하기 위한 10가지 규칙을 만들어 보세요.

알아 두면 좋은 여행 이야기

한국의 산은 사계절 어느 때에 가도 매력적이다. 등산을 하지 않아도 케이블카로 연결되어 있는 산이 많아서 산 정상에 올라가기 어렵지 않다.

강원도 설악산 이외에도 강원도 춘천에 있는 삼악산도 호수 케이블카가 조성되어 있어서 가 볼 만하고, 충청북도에 있는 속리산도 속리산 테마파크로 조성되어 있어 가 볼 만하다.

춘천 삼악산 호수 케이블카

속리산 테마파크

그리고 전라북도에 있는 마이산 도립 공원이나 내장산 국립공원도 사람들이 많이 찾는다.

마이산 도립공원

내장산 국립공원

둘레길을 걸어 보세요.

등산하기가 어렵다면 가볍게 둘레길을 걸어 보는 것은 어떨까? 둘레길을 걸으며 한국의 아름다운 경치를 감상해 보는 것도 좋을 것이다.

서울 둘레길

경기 둘레길

강원도 대관령숲길

공유 서비스

오늘의 여행지는 대전입니다.
대전은 어떤 곳일까요?
대전에서 우리가 나눌 이야기는
'공유 자전거'예요.

대전
홍보 영상 ①

대전
홍보 영상 ②

대전광역시

엑스포 과학 공원

유성 온천

대청호반

뿌리 공원   오 월드

장태산

1. . 자전거를 타고 여행을 해 본 적이 있습니까? 여러분의 경험을 이야기해 보세요.

2. 자전거를 타고 여행을 한다면 어디에 가 보고 싶습니까?

읽기1

    대전에 있는 대청호반은 한국 3대 호수 중 하나로 꼽힌다. 아름다운 경치를 감상할 수 있을 뿐만 아니라 공원도 조성되어 있어 산책하기 좋은 곳이다. 또한 부수동길, 냉천길, 홍진마을길로 이어지는 길을 따라 자전거를 타고 여유로운 여행을 할 수 있다. 이곳은 길마다 다른 풍경이 펼쳐져 아름다움을 느낄 수 있다. 자전거가 **없다고** 걱정할 필요는 없다. 대전의 공유 자전거 서비스를 이용할 수 있기 때문이다. 공유 자전거는 누구나 편하게 빌릴 수 있고 비용도 저렴한 편이라서 편리하게 이용할 수 있다. 대전에 간다면 자전거 여행의 매력에 한번 빠져 보기 바란다.

Q1. 자전거 여행의 장점은 무엇인지 찾아 쓰세요.

Q2. 자전거가 없어도 자전거 여행이 가능한 이유는 무엇인지 찾아 쓰세요.

어휘1

- **꼽히다**   예 농구를 잘하는 내 친구는 우리 학교에서 열 명 안에 **꼽힌다**.
- **여유롭다**   예 그동안 너무 바빴는데 오랜만에 **여유롭게** 시간을 보냈다.
- **펼쳐지다**   예 눈앞에 **펼쳐진** 바다 풍경이 너무 아름다웠다.
- **공유**   예 인터넷이 발달해서 많은 정보를 **공유**할 수 있게 되었다.

문법과 표현1

> ### 동-ㄴ/는다고, 형-다고

어떤 행동의 목적, 의도를 나타내거나 어떤 상황의 이유, 원인을 나타냅니다.

예
1) 친구가 배가 **아프다고** 모임에 안 왔어요.

2) 유라 씨는 오늘 회사에 일이 **많다고** 늦게 온다고 했어요.

3) 동생은 시험을 **준비한다고** 늦게까지 도서관에 있었다.

4) 아침에는 좀 쌀쌀했지만 낮에 **덥다고** 옷을 얇게 입고 나갔다가 감기에 걸렸다.

✏️ 확인해 보세요

다음 표현을 사용하여 문장을 완성하세요.

(1) 동생이 파티에 ＿＿＿＿＿＿＿＿＿＿＿＿＿ 오늘 집에 늦게 들어온다고 했다.
                      (가다)

(2) 은지는 급한 일이 ＿＿＿＿＿＿＿＿＿＿＿＿ 수업에 안 왔어요.
                 (있다)

(3) 요즘 연예인이 ＿＿＿＿＿＿＿＿＿＿＿＿ 어릴 때부터 준비하는 아이들이 많다.
                 (되다)

이야기해 봅시다

다음은 한국의 지역별 공유 자전거 서비스에 대한 조사입니다.

주요 공공 자전거 운용 현황 (2020년말 기준)

서울 따릉이 37,500대	안산 페달로 1,500대
대전 타슈 2,700대	세종 어울링 3,200대
광주 타랑께 200대	창원 누비자 3,900대

1. 공유 자전거를 이용해 본 적이 있습니까?

2. 공유 자전거 서비스에 대한 자신의 생각을 메모한 후 자유롭게 이야기해 보세요.

 **읽기2**

다음은 공유 자전거에 대한 글입니다. 잘 읽고 물음에 답하십시오.

❶ 서울의 거리에서는 '공유 자전거'인 '따릉이'를 이용하는 사람들을 흔히 볼 수 있다. 서울뿐만 아니라각 지방자치단체에서도 공유 자전거 서비스를 다양하게 운영하고 있는데 대전시의 '타슈', 창원시의 '누비자' 등이다. 특히 최근에는 기술이 발달함에 따라 전기 자전거와 전동 킥보드를 빌려주는 서비스를 하는 곳도 많다. 빌리는 방법도 매우 간단한데 앱만 설치하면 누구나 쉽게 빌려서 자전거나 킥보드를 즐길 수 있기 때문에 젊은 층에게 큰 인기를 끌고 있다. 자전거를 이용하면 교통비를 절약할 수 있고 건강에도 좋다. 그리고 학교까지 버스나 지하철로 가기에는 가깝고, 걸어서 가기에는 먼 고등학생들의 이용률도 높은 편이라고 한다. 자전거 이용은 이렇게 시간과 비용을 절약할 수 있는 장점뿐만 아니라 에너지를 절약할 수 있어 환경에도 도움이 된다는 장점도 있다.

❷ 하지만 아직 개선해야 할 점도 많다. 가장 큰 문제는 바로 사고 위험이다. 한국은 아직 자전거 전용 도로가 많지 않다. 그렇다 보니 자전거를 인도에서 타다가 사고로 이어지는 경우가 많다. 그리고 자전거를 탈 때 헬멧과 같은 보호 장비를 하지 않은 채 타는 경우도 많은데 이 역시 사고가 발생할 경우 심각한 부상으로 이어질 수 있으므로 법으로 규제가 필요한 부분이다. 게다가 전동 킥보드를 타는 사람들 중에는 빠른 속도로 달리다가 사고를 내고 그냥 가 버리는 일도 있어서 주의가 필요하다.

❸ 또한 '공유'라는 개념에 대한 의식이 부족한 것도 개선되어야 한다. '공유 자전거'는 빌려서 사용하는 것이고 여러 사람이 사용하는 것이니 소중하게 사용해야 하는데 자기의 개인 자전거인 것처럼 함부로 타는 경우도 있고 내 것이 아니라는 이유로 마구 사용해서 고장이 나게 하는 경우도 종종 있다.

게다가 공유된 자전거를 관리하는 인력과 비용이 부족한 것도 문제다. 많은 사람들이 사용하다 보면 고장이 나거나 낡아지기 마련인데 관리가 소홀하면 장기적으로 공공 자전거 서비스를 이용하기 어려워질 수도 있다.

그러므로 지금 활발하게 이루어지고 있는 공유 자전거 서비스가 지속적으로 잘 이루어지려면 공유 자전거 서비스를 **실시하되** 무조건 실시만 하는 것이 아니라 공유하는 것에 대한 인식과 제도의 개선이 뒷받침되어야 할 것이다.

내용 확인 문제

1. ❶의 내용과 같은 것을 고르세요.

　① 전기 자전거는 빌리기 복잡하다.

　② 자전거를 이용하면 에너지를 아낄 수 있다.

　③ 서울 이외 지역에서는 자전거를 빌리기 어렵다.

　④ 학교까지 자전거를 타고 가는 학생들이 줄고 있다.

2. 공유 자전거 서비스가 젊은 층에게 인기를 끌고 있는 이유는 무엇입니까?

3. 글쓴이의 생각으로 알맞은 것을 고르세요.

　① 공유 서비스는 계속 이루어지기 어렵다.

　② 공유 서비스에 대한 인식이 달라져야 한다.

　③ 공유 서비스에 대해 사람들은 잘 모르고 있다.

　④ 공유 서비스를 관리하는 인력이 많아지고 있다.

4. 각 단락의 제목으로 알맞은 것을 연결하세요.

　1) ❶ •　　　　　　　　　　• ⓐ 공유 자전거 이용의 장점

　2) ❷ •　　　　　　　　　　• ⓑ 공유 자전거 서비스 사용과 사고 위험

　3) ❸ •　　　　　　　　　　• ⓒ 공유 자전거 서비스의 개선해야 할 점

어휘와 표현2

- **층**　　　　　예 이 영화는 10대부터 60대까지 다양한 관객층의 사랑을 받았다.
- **개선하다**　　예 우리 회사에는 서비스를 개선하기 위해 방법을 찾고 있다.
- **규제**　　　　예 음주 운전을 하는 사람들은 법으로 규제를 해야 한다.
- **의식**　　　　예 일회용품 사용에 대한 사람들의 의식이 바뀌어야 한다.
- **마구**　　　　예 쓰레기를 아무데나 마구 버리면 안 됩니다.
- **소홀하다**　　예 라라 씨는 요즘 건강 관리에 소홀했다고 하면서 운동을 시작했다.
- **뒷받침되다**　예 가수가 되려면 노래 실력이 뒷받침되어야 한다.

동-되

이 표현은 앞의 내용을 인정하면서 그에 대한 조건이나 관련된 내용을 뒤에 덧붙일 때 사용합니다.

예
1) 용서는 **하되** 잊지는 말자.

2) 집에 **있되** 시험을 준비하는 형에게 방해가 되면 안 된다.

3) 부모의 의견을 **말하되** 아이의 자신감에 상처를 주지 마세요.

4) 자녀에게 용돈을 **주되** 계획적으로 사용하는 방법을 가르쳐야 한다.

✏️ 확인해 보세요

다음 표현을 사용하여 문장을 완성하세요.

(1) 최선을 _____ 그 결과에 대해 후회하지 마세요.
                (다하다)

(2) 하고 싶은 말이 있으면 _____ 예의는 지켜야 한다.
                        (말하다)

(3) 우리는 결혼을 할 때 결혼식을 _____ 소박하게 했으면 좋겠다.
                               (올리다)

🔍 이 표현도 알고 있나요?

| 동-(으)ㄴ 채(로)

동사의 행동이 끝나고 그 상태 그대로 있음을 나타냅니다.

예 어제 너무 피곤해서 화장을 지우지 못한 채로 잠이 들었다.

창문을 열어 놓은 채로 밖에 나갔다.

| 동형-(으)므로, 명이므로

원인이나 이유를 나타냅니다.

예 이곳은 지금 공사 중이므로 주의하시기 바랍니다.

이쪽 길은 위험하므로 다른 쪽으로 돌아가야 한다.

 **정리하고 요약하기**

읽은 내용을 따라 쓰고 단락을 정리해 보세요.

1) 각 단락의 중요한 단어를 메모해 보세요.

❶의 핵심 단어	
❷의 핵심 단어	
❸의 핵심 단어	

2) 메모한 단어를 활용해서 단락의 내용을 요약해 보세요.

❶의 내용 정리	
❷의 내용 정리	
❸의 내용 정리	

더 생각해 보기

1. 여러분 나라에서 가장 많이 사용되는 공유 서비스는 무엇인지 이야기해 보세요.

2. '공유 자전거'와 같은 서비스를 이용할 때 주의해야 할 점이 무엇인지 이야기해 보세요.

3. 앞으로 어떤 공유 서비스가 생길까요? 어떤 공유 서비스가 생기면 좋을까요? 자유롭게 이야기해 보세요.

알아 두면 좋은 여행 이야기

대전은 아름다운 풍경과 역사적인 장소 이외에도 과학 도시로도 유명하다. 한국에서 가장 유명한 과학 기술 대학교인 '카이스트(KAIST)'가 있고 한국을 대표하는 과학 박물관인 '국립 중앙 과학관'이 있다. 또한 한국에서 최초로 열린 세계 박람회를 기념하는 '엑스포 과학 공원' 역시 가 볼 만하다. 엑스포 과학 공원을 중심으로 매년 과학을 주제로 한 축제가 열리기도 한다.

공유 자전거 이외에도 시티투어 버스를 운영하는 등 다양한 서비스도 있으니 언제든지 아름다운 대전으로 떠나 보기 바란다.

카이스트(KAIST)

국립 중앙 과학관

꿈돌이

어떻게 가요?
서울에서 고속버스나 KTX를 타고 갈 수 있어요.
버스로 3시간 정도 걸리고 KTX로 1시간 정도 걸려요.

서울 — 3시간 — 대전
1시간
0h 1h 2h 3h

※자세한 정보는 인터넷에서 확인하세요.

여기에도
가 보세요.

대전, 세종
여행

대전, 공주, 부여
여행

시장과 삶의 모습

오늘은 대구로 가 볼까요?

오늘 우리가 나눌 이야기는
'전통 시장'이에요.

대구 홍보 영상

- - - - - - -

대구의
맛있는 간식

수성못

대구광역시

옻골마을

서문시장과 동성로

진골목

수성못

83타워

영남제일관

계산 성당

반반막창

막창구이 막창

서문 시장

이야기해 봅시다

1. 전통 시장을 자주 이용하는 편입니까?

2. 물건을 살 때 어디를 이용하는 편인지 이야기해 봅시다.

 **읽기1**

　한국에는 동네마다 크고 작은 전통 시장이 있는데 서울에 있는 동대문 시장이나 남대문 시장, 광장 시장은 외국인들에게도 유명한 전통 시장이다. 대구에 있는 서문 시장도 유명한데 이곳은 한국 사람이 꼭 알아야 할 여행지에 뽑힐 정도다. 대구에서 지하철을 타고 서문시장역에서 내리거나 대구에서 버스를 이용하면 편하게 갈 수 있다. 서문 시장은 조선시대 때부터 있었는데 그 당시 전국 3대 시장에 속할 정도의 규모였고 지금까지 맛있는 음식뿐만 아니라 옷이나 예쁜 그릇까지 다양한 물건을 팔고 있다. 대구 서문 시장은 특히 옷을 만드는 원단이 전국적으로 유명해서 옷을 구경하러 가는 사람들도 많다. 이렇게 서문 시장은 맛있는 음식도 먹고 구경도 **할 겸** 지금도 많은 관광객들이 찾는 전통 시장이다.

Q1. 서문 시장에 어떻게 가는지 찾아 쓰세요.

Q2. 서문 시장에서 특히 유명한 것은 무엇인지 쓰세요.

어휘1

- **뽑히다**   예 내 동생은 반에서 반장으로 **뽑혔다**.
- **규모**   예 이번 말하기 대회는 외국에서 학생들이 참가할 정도로 **규모**가 컸다.
- **그릇**   예 밥을 먹고 설거지가 끝난 후 **그릇**을 정리했다.
- **원단**   예 그 시장에서는 옷을 만들 때 필요한 다양한 **원단**을 판다.

문법과 표현1

동–(으)ㄹ 겸

두 가지 이상의 목적이 있음을 나타낼 때 사용합니다.
'–(으)ㄹ 겸 –(으)ㄹ 겸'이나 '–(으)ㄹ 겸해서'의 형태로 쓰기도 합니다.

예
1) 친구를 **만날 겸** 밥도 **먹을 겸해서** 나왔어요.

2) 쇼핑도 **할 겸** 영화도 **볼 겸** 코엑스에 갔어요.

3) 영어도 배우고 여행도 **할 겸** 미국에 가려고요.

4) 산책도 **할 겸** 커피도 **살 겸** 나갔다.

✏️ 확인해 보세요

다음 표현을 사용하여 문장을 완성하세요.

(1) 주말에 _____ 도서관에 갈까 해요.
(책도 빌리다 + 공부도 하다)

(2) _____ 경주에 여행을 갔다.
(바람도 쐬다 + 좀 쉬다)

(3) _____ 카페에 가려고 해요.
(친구랑 이야기도 하다 + 차도 마시다)

이야기해 봅시다

1. 여행을 가면 꼭 들르는 곳이 있습니까? 어디인지 이야기해 봅시다.

2. 전통 시장을 이용하면 어떤 좋은 점이 있는지 이야기해 봅시다.

 **읽기2**

다음은 전통 시장에 대한 글입니다. 잘 읽고 물음에 답하십시오.

❶ 전통 시장에 가면 그 나라의 문화를 생생하게 느낄 수 있다. 물건을 파는 사람들의 목소리, 서비스로 하나 더 준다는 목소리, 깎아 달라는 목소리까지 다양한 목소리가 어우러져 하나의 음악처럼 느껴진다. 무엇보다 시장에 가면 시장에서 파는 길거리 음식을 맛볼 수도 있어서 대형 마트에서 느낄 수 없는 즐거움이 있다.

'전통 시장'하면 물건을 사기에도 불편할 것 같고, 차를 가지고 갔을 때 주차를 하기도 불편할 것 같은 느낌이 있다. 그러나 최근 한국의 전통 시장은 주차장을 만들어 불편함을 줄이고, 정보통신 기술을 접목하는 등 현대적으로 변화하고 발전하기 위해 노력을 하고 있다. 이뿐만 아니라 전통 시장 내 가게도 깔끔하게 정비되어 대형 마트에 못지않게 쇼핑하기 편리해지고 있다.

❷ 나는 대구에 가면 서문 시장에 꼭 들른다. 대구 서문 시장은 대중교통을 이용해서 가기도 **편하거니와** 별도의 주차장도 있어서 편리하다. 그리고 서문 시장은 먹을 것이 풍부하고 한복이나 그릇 등 다양한 물건을 판매하는데 특히 맛있는 음식이 많아서 항상 많은 사람들로 붐빈다. 나 역시 대구 서문 시장에서 먹은 맛있는 음식을 잊지 못해 종종 다시 방문하곤 한다.

그런데 무엇보다 서문 시장이 인기가 있는 것은 바로 저녁 7시부터 열리는 야시장이다. 이 야시장은 색다른 즐거움을 주는 곳이다. 낮에 문을 열었던 가게들이 모두 문을 닫으면 야시장이 문을 연다. 나는 특히 이 야시장의 삼겹살 김밥을 아주 좋아한다. 야시장에서 파는 음식 중 인기가 있는 음식은 20분 이상 기다려야 맛을 볼 수 있는데 그 기다림이 아깝지 않을 정도로 맛있다.

야시장

❸ 시장에 가면 사람들의 삶의 모습을 느낄 수 있다. 대형 마트나 백화점에서 느낄 수 없는 소박한 즐거움과 따뜻함이 있다. 이렇게 전통 시장에서는 구경하는 재미도 느낄 수 있고 비교적 저렴한 가격에 물건을 구입할 수도 있다. 최근에는 전통 시장을 찾는 사람의 수가 많이 줄었다고 하지만 아직도 전통 시장은 특별한 재미와 매력이 있는 곳이다. 오늘은 대형 마트나 편의점이 아닌 전통 시장을 찾아보면 어떨까?

내용 확인 문제

1. 전통 시장에서 느낄 수 있는 즐거움은 무엇인지 정리해서 써 보세요.

2. 전통 시장에서는 불편함을 줄이기 위해 어떤 노력을 하고 있습니까?

3. 서문 시장에 대한 설명으로 맞는 것을 고르세요.

① 주차장이 불편해서 가기 힘들다.

② 버스나 지하철로 가기 불편하다.

③ 맛있는 음식을 비롯해서 다양한 물건을 판다.

④ 서문 시장에서 야시장까지 20분 정도 걸린다.

4. 각 단락의 제목으로 알맞은 것을 연결하세요.

1) ❶ •   • ⓐ 전통 시장 이용 권유

2) ❷ •   • ⓑ 서문 시장에서 느낄 수 있는 즐거움

3) ❸ •   • ⓒ 즐거움을 느낄 수 있는 전통 시장의 변화

어휘와 표현2

- **생생하다**　　예 10년 전에 일어난 사고지만 어제 일처럼 **생생하다**.
- **어우러지다**　예 꽃 축제에서는 여러 꽃들이 **어우러져** 정말 아름다웠다.
- **접목하다**　　예 그 가수는 전통음악과 서양 음악을 **접목하여** 만든 노래를 발표했다.
- **정비하다**　　예 폭우 때문에 엉망이 된 도로를 **정비하고** 있다.
- **붐비다**　　　예 백화점 세일 기간이라서 너무 **붐빈다**.
- **색다르다**　　예 그 배우는 이번 공연에서 예전과 다른 **색다른** 매력을 보여 주었다.
- **아깝다**　　　예 그 사람은 나에게 너무 소중한 사람이라서 내가 가지고 있는 것을 다 줘도 **아깝지** 않다.
- **구입하다**　　예 요즘 가전제품을 세일하고 있어서 에어컨을 싸게 **구입했다**.

문법과 표현2

> # 동형-거니와

앞의 내용을 인정하면서 그와 관련된 다른 사실, 상황이 더 있다는 것을 나타냅니다.

예 1) 내 친구 윤오는 성격도 **활발하거니와** 마음도 넓어서 인기가 많다.

2) 그 영화는 내용도 **재미있거니와** 주인공의 연기도 훌륭했다.

3) 흡연은 건강에도 **해롭거니와** 다른 사람에게도 피해를 줄 수 있다.

4) 유라는 매일 운동도 열심히 **하거니와** 공부도 열심히 한다.

✏️ 확인해 보세요

다음 표현을 사용하여 문장을 완성하세요.

(1) 내 동생은 _____ 성격도 매우 좋다.
(귀엽다)

(2) 오늘은 날씨도 _____ 모임도 즐거워서 기분이 좋다.
(맑다)

(3) 이번 행사에는 유명한 사람들이 많이 _____ 다양한 프로그램도 진행될
(참석하다)
예정이다.

🔍 이 표현도 알고 있나요?

| 명에 못지않게

다른 것과 비교해서 부족하지 않다는 의미입니다.

예 나는 외모에 못지않게 성격도 중요하다고 생각한다.

내 친구는 가수 못지않게 노래를 잘한다.

| 동-곤 하다

같은 상황이 반복됨을 나타냅니다.

예 시간이 있으면 드라마를 보면서 한국어를 공부하곤 한다.

형은 스트레스를 받을 때마다 등산하러 가곤 한다.

정리하고 요약하기

읽은 내용을 따라 쓰고 단락을 정리해 보세요.

1) 각 단락의 중요한 단어를 메모해 보세요.

❶의
핵심 단어

❷의
핵심 단어

❸의
핵심 단어

2) 메모한 단어를 활용해서 단락의 내용을 요약해 보세요.

❶의
내용 정리

❷의
내용 정리

❸의
내용 정리

 **더 생각해 보기**

1. 최근 한국에서는 전통 시장을 살리기 위해 SNS로 홍보를 하는 등 많은 노력을 하고 있습니다. 전통 시장을 살려야 하는 이유는 무엇이고 그 방법은 무엇인지 이야기해 보세요.

TIPS
- 지역의 상권을 살리다
- 온라인으로 홍보하다
- 시설을 정비하다
- 다양한 행사를 기획하다

2. 앞으로 물건을 구매하는 방법은 어떻게 달라질까요? 과거에 물건을 구매했던 방법과 비교해서 이야기해 보세요.

TIPS
공통점을 말할 때 이 표현을 사용해 보세요.
- 명와/과 명은/는 동형-ㄴ/는다는 공통점이 있습니다.
- 명은/는 명처럼 동형-ㅂ/습니다.
- 명은/는 명와/과 마찬가지로 동형-ㅂ/습니다.

알아 두면 좋은 여행 이야기

'대구'하면 앞산 공원과 수성못도 빼놓을 수 없다. 앞산공원은 도심에서 가까워서 대중교통으로도 쉽게 이동이 가능한데 아름다운 경치뿐만 아니라 분위기가 좋은 카페도 많아 명소가 되었다. 케이블카도 있어서 케이블카를 타고 전망대로 이동하면 대구 시내를 한눈에 볼 수 있다.

수성못은 야경으로도 유명하니 수성못에 조성된 산책로를 걸으며 인생 사진을 찍어 보는 건 어떨까?

앞산 공원

스파크랜드

그리고 대구 동성로에 있는 스파크랜드도 가 볼 만한데 크지는 않지만 도심지에 있는 놀이공원이라 색다른 데다가 건물 위에 있어서 더 짜릿함을 느낄 수 있다. 밤에 가면 도시의 야경을 보면서 놀이기구를 탈 수도 있어서 인기가 많다.

🔍 어떻게 가요?

서울에서 고속버스나 KTX를 타고 갈 수 있어요.
버스로 3시간 30분 정도 걸리고 KTX로 2시간 30분 정도 걸려요.

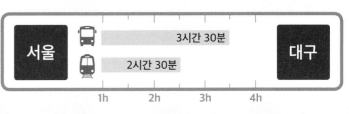

※자세한 정보는 인터넷에서 확인하세요.

대구에 가 보세요.

대구 관광지

8 광주
Gwangju

행복한 삶

오늘은 전라도 광주로 가 볼까요?

오늘 우리가 나눌 이야기는

'행복'이에요.

광주 홍보 영상 ①

- - - - - - - -

광주 홍보 영상 ②

국립 5.18
민주묘지

광주
패밀리 랜드

광주광역시

월봉서원

5.18 기념공원

양림 문화 역사 마을

무등산
국립공원

광주 공항

국립 아시아 문화 전당

광주 월드컵 경기장

양림동 역사문화마을

무등산 국립공원

이야기해 봅시다

대한민국역사박물관

국립중앙박물관

독립기념관

한국근현대사 박물관

1. 한국의 역사에 대해 배우거나 들은 적이 있습니까?

2. 여러분 나라의 역사에서 꼭 기억되어야 할 사건이 있습니까?

5.18
민주화 운동
기록관

한국의 유명한 아이돌 가수가 자신의 노래에 고향을 소개하면서 5.18 광주 민주화 운동을 언급해서 많은 사람들의 관심을 끈 적 있다. 광주는 이 5.18 민주화 운동의 아픔이 담긴 곳이다.

1980년 광주에서 일어난 민주화 운동은 독재에 맞서 민주화를 위해 싸운 운동으로 대학생을 비롯한 많은 시민들이 참여하였다. 그러나 그 당시 독재 정권은 시민들을 무력으로 잔인하게 진압을 하였고 그 과정에서 수많은 시민들이 목숨을 잃고 말았다. 이 민주화 운동으로 한국은 지금의 민주주의 국가가 될 수 있었고 지금처럼 비교적 행복하게 살 수 있게 된 것이다.

5.18 기념공원은 5.18 민주화 운동을 기념하기 위해 만들어진 공원이다. 이곳에는 시민군의 모습을 조각한 조각상과 추모 공간 등으로 구성되어 있는데 가슴 아픈 역사를 통해 민주주의를 굳게 지켜야 한다는 의미를 담고 있다.

Q1. 5.18 민주화 운동이 무엇인지 찾아 쓰세요.

Q2. 5.18 기념 공원은 어떤 의미를 담고 있는지 쓰세요.

어휘1

- 언급하다 **예** 아까 교수님이 **언급하신** 곳이 어디인지 알아요?
- 민주화 **예** **민주화**를 이루기 위해 많은 사람들의 노력이 있었다.
- 독재 **예** **독재**에서 벗어나 민주화를 이룬 것은 한 사람의 노력만으로 될 수 없다.
- 무력 **예** 문제를 **무력**으로 해결하지 말고 대화로 풀어야 한다.
- 잔인하다 **예** 그 영화에는 사람을 **잔인하게** 죽이는 장면이 나와서 청소년들이 보기에 안 좋다.
- 진압 **예** 경찰은 시위를 **진압**하기 위해 무력을 사용하면 안 된다.

문법과 표현1

동-고 말았다

말하는 사람이 원하지 않았지만 동사의 행동이 결국 일어났음을 나타냅니다.

예
1) 오스틴 씨는 열심히 공부했지만 시험에 떨어지고 말았다.
2) 내가 아껴서 10년 동안 사용하던 노트북인데 결국 고장이 나고 말았다.
3) 나는 드라마를 보면서 울지 않으려고 애를 썼지만 너무 슬퍼서 결국 울고 말았다.
4) 옛날이야기에는 부모님의 반대 때문에 헤어지고 만 남녀에 대한 이야기가 많이 나온다.

✏️ 확인해 보세요

다음 표현을 사용하여 문장을 완성하세요.

(1) 일찍 출발했는데 길이 너무 막혀서 결국 _____.
(늦다)

(2) 나는 이번 일에 꼭 성공하고 싶었는데 _____.
(실패하다)

(3) 그 선수는 열심히 뛰었지만 가다가 _____.
(넘어지다)

이야기해 봅시다

다음은 '행복지수'를 나타낸 그래프입니다.

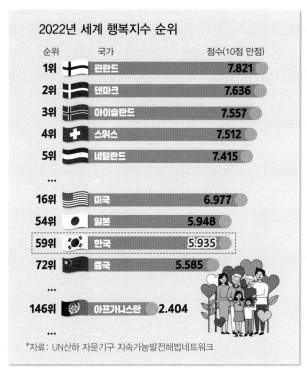

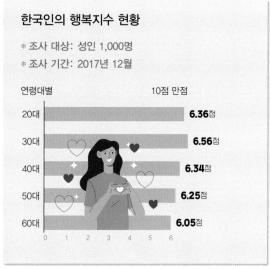

1. 여러분은 언제 행복을 느낍니까?

2. 자신에게 행복지수를 준다면 어떤 기준으로, 몇 점을 줄 수 있는지 이야기해 보세요.

 **읽기2**

다음은 행복지수에 대한 글입니다. 잘 읽고 물음에 답하십시오.

❶ 한국은 행복한 나라일까? 한국은 교육열이 높은 나라라서 많은 부모들이 자녀들의 교육에 힘을 쏟고 있다. 그래서 평균 학력이 높아지고 있고 경제적으로도 6, 70년대 이후 빠른 성장을 하고 있다. 그리고 5.18 민주화 운동과 같은 민주주의에 대한 열망이 지금의 한국 사회를 만들었다.

하지만 부끄럽게도 한국의 행복지수는 10점 만점에 5점대로 2012년 이후 매년 실시되는 행복지수 조사에서 156여 개국 중 50위권을 맴돌고 있다. 기대 수명과 1인당 국민총생산(GDP)은 비교적 상위권을 차지하는 반면에 부정부패나 사회적 지원과 같은 부문에서는 하위권이다. 사회적 지원이 낮다는 것은 어려울 때 도움을 청할 가족이나 친구가 없이 각자 살아야 한다는 뜻인데 한국의 경우 이 사회적 지원 부문이 점점 악화되고 있다. 또한 한국 사회에서 일어나는 부정부패 사건들을 보며 국민들은 '어떻게 만든 민주주의인데.'라며 실망하고, 이런 실망이 커질수록 행복감은 더 낮아지고 있다.

❷ 반면 북유럽 국가인 핀란드, 덴마크 등은 가장 행복한 국가로 선정되었다. 이 중 덴마크는 세계에서 가장 부유한 나라도 아니고 강대국도 아니다. 날씨도 춥고 비도 자주 내린다. 하지만 덴마크 사람들은 자신들의 기초 생활에 대해 걱정할 필요가 없다. 덴마크에서는 학교에 **입학하는 동시에** 누구나 무상교육을 받고 병이 들면 병원에서는 무료로 돌봐준다. 국가에서 많은 종류의 사회 활동을 위해 돈을 지불한다. 그래서 덴마크에서는 누구든지 취미를 즐기며 즐겁게 생활할 수 있다. 덴마크 국민들은 수입의 약 70%를 세금으로 내야 한다. 하지만 국가에서 국민이 필요로 하는 거의 모든 것을 제공해 주기 때문에 높은 세금을 내는 것도 그리 부담스러워하지 않는 것이다. 그래서 덴마크 사람들은 돈 때문에 직업을 선택하지 않고, 자신이 정말 좋아하는 일을 하며 살아간다. 그리고 모든 일에 최선을 다하지만 모든 것을 얻으려고 욕심을 부리지 않아야 한다는 것과, 결과가 최고가 아니라고 해도 크게 슬퍼할 필요가 없다는 행복의 비결을 알고 있다.

❸ 물론 겉으로 보이는 것만으로 행복을 판단할 수 없고 행복지수만으로 그 나라를 판단해서는 안 된다. 행복은 개인이 느끼는 감정이지만 그러한 감정이 모여 하나의 '지수'로 표현된다면 생각해야 할 점이 많다. 개인과 국가가 각각의 자리에서 할 일을 정확하게 하는 사회가 된다면 행복지수 역시 올라갈 수 있지 않을까? 개인을 넘어 국가 역시 국민의 행복을 위한 국가의 책임을 다해야 한다.

내용 확인 문제

1. 이 글에서 제시한 한국에 대한 설명으로 맞는 것을 고르세요.

① 한국의 부모는 자녀들의 교육에 관심이 많은 편이다.
② 한국의 사회적 지원 부문이 상위권을 차지한 적이 있다.
③ 한국의 부정부패 사건은 행복지수를 높이는 결과를 낳았다.
④ 2012년 이후 국민총생산은 계속 50위 정도를 차지하고 있다.

2. 덴마크 사람들이 행복한 이유로 맞는 것을 고르세요.

① 날씨가 춥고 비가 많이 오기 때문에
② 국민들의 기초 생활 유지가 어렵지 않기 때문에
③ 돈을 많이 벌기 위해 좋은 직업을 선택했기 때문에
④ 높은 세금이 부담스럽지 않을 정도로 경제적 여유가 있기 때문에

3. 덴마크 사람들이 말하는 행복의 비결을 정리해서 써 보세요.

4. 각 단락의 제목으로 알맞은 것을 연결하세요.

1) ❶ •   • ⓐ 행복지수 하위권인 한국
2) ❷ •   • ⓑ 행복지수를 올릴 수 있는 방법
3) ❸ •   • ⓒ 덴마크 사람들이 행복하게 사는 비결

어휘와 표현2

- **교육열**   예 그 집은 부모의 **교육열**이 높아서 아이들의 교육에 관심이 많다.
- **힘을 쏟다**   예 그 사장은 회사를 위해 자신의 모든 **힘을 쏟았다**.
- **열망**   예 그 사람은 성공하고 싶은 강한 **열망**을 가지고 있다.
- **맴돌다**   예 이번 주는 날씨가 계속해서 영하권을 **맴돌겠습니다**.
- **부정부패**   예 그 국회의원은 **부정부패** 사건으로 경찰에 조사를 받고 있다.
- **선정되다**   예 우리 아파트는 에너지 절약 아파트로 **선정되었다**.
- **부유하다**   예 내 친구는 **부유한** 가정에서 태어나 어릴 때부터 큰 어려움 없이 자랐다.
- **무상교육**   예 한국은 중학교까지 무상교육을 받는데 최근에는 고등학교에도 **무상교육**을 실시한다는 뉴스가 나왔다.
- **판단하다**   예 그 사람의 잘못은 없는지 잘 **판단해야** 한다.

동 -는 동시에

앞에 오는 말이 나타내는 행동이나 상태와 뒤에 오는 내용이 함께 일어남을 나타냅니다.

예 1) 이번 여행을 통해 다양한 경험을 쌓는 **동시에** 많은 사람을 만날 수 있는 기회가 되었다.

2) 내 동생은 가방을 **메는 동시에** 밖으로 뛰어나갔다.

3) 이 제품은 피로를 풀어 **주는 동시에** 편안한 수면을 도와준다고 한다.

4) 독서는 재미를 **주는 동시에** 삶의 지혜를 준다.

✏️ 확인해 보세요

다음 표현을 사용하여 문장을 완성하세요.

(1) 어머니는 라면을 _____ 밥도 하셨다.
　　　　　　　　　　　　(끓이다)

(2) 이번 행사는 회사를 _____ 좋은 인재를 채용할 수 있는 기회가
　　　　　　　　　　　　(홍보하다)
될 것이다.

(3) 체중을 줄이기 위해서 식사량을 _____ 운동도 해야 한다.
　　　　　　　　　　　　　　　　　　　　　(줄이다)

🔍 이 표현도 알고 있나요?

┃ 동 -는 반면(에), 형 -(으)ㄴ 반면(에)
앞의 내용과 뒤의 내용이 서로 반대일 때 사용합니다.
예 그 회사는 월급을 많이 주는 반면에 일도 많다.
　　이 식당은 음식은 맛있는 반면에 서비스가 안 좋다.

┃ 동 형 -(으)ㄹ수록
앞의 내용의 정도가 심해지면 뒤의 내용도 그에 따라 변함을 나타냅니다.
예 한국어를 배우면 배울수록 재미있다.
　　그 사람은 만날수록 더 좋아진다.

정리하고 요약하기

따라 써 보기 다운로드

읽은 내용을 따라 쓰고 단락을 정리해 보세요.

1) 각 단락의 중요한 단어를 메모해 보세요.

❶의
핵심 단어

❷의
핵심 단어

❸의
핵심 단어

2) 메모한 단어를 활용해서 단락의 내용을 요약해 보세요.

❶의
내용 정리

❷의
내용 정리

❸의
내용 정리

더 생각해 보기

1. 여러분의 삶을 의미 있게 만드는 것은 무엇인지 이야기해 봅시다.

2. 행복지수에는 어떤 점수가 들어가야 하는지 이야기해 봅시다.

3. 행복한 삶의 조건은 무엇인지 이야기해 봅시다.

알아 두면 좋은 여행 이야기

광주에 가면 양림 역사 문화마을, 국립 아시아 문화 전당에 가 볼 것을 추천한다. 그리고 무등산 국립공원을 걸어보는 것도 좋다. 무등산은 유네스코 세계지질공원으로 지정되기도 하였는데 경치가 아름다울 뿐만 아니라 과학적, 생태학적으로도 중요한 곳이다.

무등산

무등산 국립공원

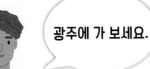

육전

그리고 광주에서는 고기로 만든 육전을 먹어 볼 만하다. 고기로 만든 육전은 파전과는 다른 특별한 맛이 난다. 고기를 좋아한다면 한번 먹어 볼 것을 추천한다.

어떻게 가요?

서울에서 고속버스나 KTX를 타고 갈 수 있어요.
버스로 4시간 정도 걸리고 KTX로 2시간 30분 정도 걸려요.

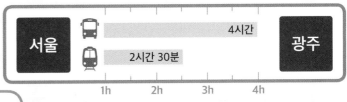

서울 🚌 4시간 광주
🚆 2시간 30분

1h 2h 3h 4h

※자세한 정보는 인터넷에서 확인하세요.

광주에 가 보세요.

광주 홍보 영상　　광주관광재단

아름다운 색

오늘은 전라북도 전주로 가 볼까요?

오늘 우리가 나눌 이야기는

'한국의 색'이에요.

전주 홍보 사이트

전주 한옥 마을

전주 덕진 공원

전주시

전주 한옥 마을

전동성당

국립 전주 박물관

덕진 공원

전동성당

이야기해 봅시다

다음은 한국인이 가장 좋아하는 계절을 나타낸 그래프입니다.

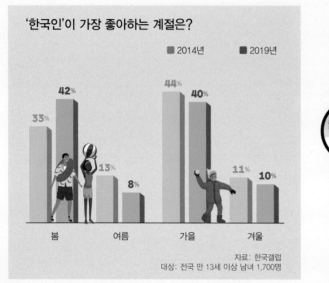

'한국인'이 가장 좋아하는 계절은?

■ 2014년 ■ 2019년

33% 42% 13% 8% 44% 40% 11% 10%

봄 여름 가을 겨울

자료: 한국갤럽
대상: 전국 만 13세 이상 남녀 1,700명

계절과 색

봄 여름 가을 겨울

1. 가장 좋아하는 계절이 언제입니까? 그 계절에는 무슨 색이 어울릴까요?

2. 여러분 고향을 여행한다면 어느 계절에 가는 것이 좋은지 이야기해 보세요.

읽기1

전주수목원

사계절이 비교적 뚜렷한 한국은 사계절 중 어느 때 여행을 해도 아름답다. 전주 역시 그런 아름다움을 간직한 곳인데 전주에는 한옥 마을 이외에도 아름다운 자연을 느낄 수 있는 수목원이 있다. 전주수목원은 특히 가을에 가면 더 좋은데 알록달록 단풍이 아름답고 한국의 다양한 식물들을 볼 수 있어 한국의 가을을 느끼기 충분하다. 그리고 최근에는 QR 코드를 스캔하여 자세한 정보를 볼 수 있도록 제공하는 곳이 많은데 전주수목원 역시 'VR 셀프 해설'을 통해 수목원에 있는 식물의 이야기를 자세히 즐길 수도 있다. 이렇게 아름다운 곳이 잘 **보존되었으면 하는** 바람이다.

Q1. 전주수목원을 가을에 가야 하는 이유를 찾아 쓰세요.

Q2. 전주수목원의 VR 해설은 어떤 장점이 있는지 쓰세요.

어휘1

- **뚜렷하다** 　 예 오스틴은 자신의 생각을 확실하게 표현해서 주관이 **뚜렷하다는** 말을 많이 듣는다.
- **간직하다** 　 예 이번 여행을 우리의 추억에 잘 **간직하고** 싶다.
- **알록달록** 　 예 가을이 되니 산이 단풍으로 **알록달록** 아름답다.

문법과 표현1

동 형 -았으면/었으면 하다

앞의 내용을 희망하고 바람을 나타낼 때 사용합니다.

예
1) 한국어를 배우는 사람들이 더 **많아졌으면 해요.**
2) 내가 아는 사람들이 모두 건강하고 **행복했으면 한다.**
3) 이 책을 많은 사람들이 **읽었으면 합니다.**
4) 한국에서 건강하고 행복하게 **지냈으면 합니다.**

✏️ 확인해 보세요

다음 표현을 사용하여 문장을 완성하세요.

(1) 올해는 가족들이 더 _____.
　　　　　　　　　　　　　　　　(건강하다)

(2) 친구들이 모두 원하는 대학교에 _____.
　　　　　　　　　　　　　　　　　　　　　(합격하다)

(3) 열심히 공부해서 장학금을 _____.
　　　　　　　　　　　　　　　　(받을 수 있다)

이야기해 봅시다

다음은 한국 사람들이 가장 좋아하는 색에 대한 그래프입니다.

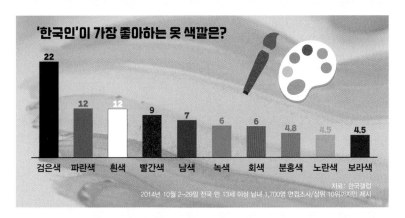

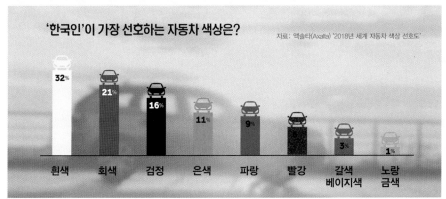

1. 여러분 나라 사람들이 가장 선호하는 색은 무엇입니까?

2. 색마다 주는 느낌이 다릅니다. 여러분이 생각하는 색의 이미지는 어떤지 이야기해
   봅시다.

 **읽기2**

다음은 오방색에 대한 글입니다. 잘 읽고 물음에 답하십시오.

❶ 각 나라, 문화권마다 즐겨 사용하거나 선호하는 색이 있다. 한국에도 전통적으로 즐겨 사용하는 색이 있다. 이를 '오방색'이라고 하는데 노란색, 파란색, 하얀색, 빨간색, 검정색 이렇게 다섯 가지 색으로 오방색의 노란색은 중앙, 파란색은 동쪽, 하얀색은 서쪽, 빨간색은 남쪽, 검은색은 북쪽을 뜻한다.

❷ 오방색에는 색마다 특별한 의미가 담겨 있다. 노란색을 옛날 한국 사람들은 '황'이라 불렀고 우주의 중심을 가리키는 귀한 색이라고 생각해서 왕의 옷을 만드는 데 이 색을 사용했다고 한다.

오방색

'청'이라고 불리는 파란색은 시원한 느낌을 주기도 하지만 옛날부터 봄의 색이라고 생각했다. 봄에는 모든 생명이 기지개를 **켜듯이** 무언가 시작되는 느낌이 있기 때문이다. 그래서 한자 '청'은 '푸르다'는 의미로 젊음을 상징하기도 한다. 젊은 사람을 보고 '청춘'이라고 부르기도 하는데 '청춘'의 '청'은 파란색을 의미하는 한자와 동일한 한자를 사용한다.

하얀색은 '백'으로 진실하고 깨끗함을 의미한다. 한국 사람들을 '백의민족'이라고 부르기도 하는데 흰옷을 입은 민족이라는 의미를 담고 있다. 조선시대 한국을 방문했던 외국인이 하얀 옷을 입고 있는 한국 사람들의 이야기를 썼다는 기록도 있을 정도로 한국인과 하얀색은 뗄 수 없다.

한국에서 '적', 빨간색은 '창조, 정열, 적극성'을 나타내는 색인데 월드컵과 같은 국제 대회에서 한국 사람들이 빨간색 옷을 입고 응원하는 모습을 본 적이 있다면 빨간색이 왜 정열을 나타내는지 쉽게 이해할 수 있을 것이다.

'흑'이라 불리는 검정색은 지혜를 의미하기도 하지만 슬픔을 의미하기도 한다. 그래서 집안에 누군가 돌아가시면 검은색 옷을 입고, 장례식에 참석할 때도 검은색 옷을 입는다. 그러나 검은색은 한국인이 좋아하는 색이기도 하다.

❸ 이런 오방색을 활용하는 예를 한국에서 쉽게 찾아볼 수 있다. 전주비빔밥 중에는 오방색의 재료로 만드는 것도 있고, 전주 한옥마을에 가면 자만벽화마을도 구경할 수 있는데 그곳에서도 오방색의 아름다운 작품을 감상할 수 있다. 한국을 여행하면서 한국인이 자주 사용했던 '오방색'이 어떻게 활용되고 있는지 찾아보는 것도 재미있을 것이다.

내용 확인 문제

1. 한국의 오방색이 나타내는 것을 정리해서 써 보세요.

색	색이름	의미	상징
노란색	황		
파란색			젊음
하얀색	백		
빨간색		남쪽	
검정색	흑		지혜, 슬픔

2. 이 글의 내용과 같은 것을 고르세요.

① 파란색을 시원한 느낌을 주는 봄의 색이다.

② 오방색을 활용한 예는 쉽게 찾아볼 수 있다.

③ 하얀색은 그 의미 때문에 외국인도 자주 입는다.

④ 한국 사람들은 빨간 옷을 국제 대회에서만 입는다.

3. 각 단락의 제목으로 알맞은 것을 연결하세요.

1) ❶ •   • ⓐ 한국의 오방색

2) ❷ •   • ⓑ 오방색을 활용하는 예

3) ❸ •   • ⓒ 오방색의 의미와 상징

어휘와 표현2

- **기지개** 　예 너무 졸리면 잠깐 **기지개**를 켜는 것도 좋아.
- **상징하다** 예 비둘기는 평화를 **상징하는** 새로 알려져 있다.
- **동일하다** 예 올해 출산율은 작년과 거의 **동일하게** 나타났다.
- **창조** 　예 무언가 새롭게 **창조하는** 것은 정말 어려운 일이다.
- **정열** 　예 김 박사는 한국의 교육 발전을 위해 **정열**을 쏟았다.
- **활용하다** 예 시간이 있을 때 그 시간을 잘 **활용해야** 한다.

동 형 -듯이

앞에 오는 내용과 뒤의 내용이 거의 같음을 나타내어 비유하여 표현할 때 사용합니다.

예
1) 그 사람은 거짓말을 밥 **먹듯이** 해요.

2) 내 친구는 돈을 물 **쓰듯이** 써요.

3) 너무 더워서 땀이 비 **오듯** 난다.

4) 이번 일의 결과는 불 **보듯** 뻔하다.

✏️ 확인해 보세요

다음 표현을 사용하여 문장을 완성하세요.

(1) 화가 나도 아이의 웃음을 보면 _____ 화가 풀려요.
                                         (눈 녹다)

(2) 겨울이 지나면 _____ 지금 힘들어도 좋은 일이 있을 거예요.
                              (봄이 오다)

(3) 사람마다 _____ 성격도 모두 다르다.
                      (외모가 다르다)

🔎 이 표현도 알고 있나요?

| 동 -는 데, 형 -(으)ㄴ 데

'데'는 어떤 곳이나 장소, 일, 경우나 상황을 나타내는 말입니다.

예 요즘 자주 **가는 데**가 어디예요?

티나는 요즘 한국어를 **배우는 데** 최선을 다하고 있다.

머리 **아픈 데** 먹는 약이 어디에 있는지 알아요?

 **정리하고 요약하기**

읽은 내용을 따라 쓰고 단락을 정리해 보세요.

1) 각 단락의 중요한 단어를 메모해 보세요.

**❶의
핵심 단어**

**❷의
핵심 단어**

**❸의
핵심 단어**

2) 메모한 단어를 활용해서 단락의 내용을 요약해 보세요.

**❶의
내용 정리**

**❷의
내용 정리**

**❸의
내용 정리**

더 생각해 보기

1. '한국'하면 떠오르는 색은 무엇인지 이야기해 봅시다.

2. 여러분 나라를 상징하는 색은 무엇인지 이야기해 봅시다.

3. 색 이외에 여러분 나라를 상징하는 것에 대해 이야기해 봅시다.

알아 두면 좋은 여행 이야기

전주 한옥 마을로 유명한 전주는 한옥 마을 이외에도 가 볼 만한 곳이 많고 가장 한국적인 도시라고 해도 과언이 아니다.

전주 한옥 마을에서는 한옥 스테이를 하면서 한옥 마을의 골목길을 걸으며 구경하기 좋다. 그래서 한옥 마을에 가면 한복을 입고 구경하는 사람들을 많이 볼 수 있다.

사실 '전주'하면 음식을 빼놓을 수 없는데 전주를 방문한 사람들은 전주에서 먹는 비빔밥은 다른 지역에서 먹는 것과 다르고 전주 한정식을 먹어야 한식의 맛을 제대로 느낄 수 있다고 한다. 이렇게 전주의 음식은 맛도 있고 종류도 다양해서 한 번 맛보면 그 매력에 푹 빠지게 될 것이다.

한정식

전주 한옥 마을 골목길

전주 비빔밥

전주에 가 보세요.

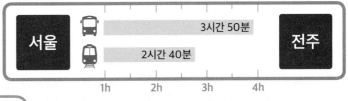

🔍 **어떻게 가요?**

서울에서 고속버스나 KTX를 타고 갈 수 있어요.

버스로 3시간 50분 정도 걸리고 KTX로 2시간 40분 정도 걸려요.

서울	🚌	3시간 50분	전주
	🚆	2시간 40분	

1h　2h　3h　4h

※자세한 정보는 인터넷에서 확인하세요.

전주 여행 ┊ 전주 관광

전주　⑩ **목포**
Mokpo
→　부산

개발과 보존

오늘은 전라남도 목포로 가 볼까요?

오늘 우리가 나눌 이야기는
'개발과 보존'이에요.

목포 해상
케이블카

목포 홍보 영상

광주

지리산

전라남도
목포시

무등산

국립나주박물관

무안

목포

여수 엑스포

보성 녹차

나로 우주 센터

고려청자
박물관

목포 해상 케이블카

목포 근대 역사관

한국 지역별 축제

서울 세계 불꽃 축제 (10월)

안동 국제 탈춤 페스티벌(9월)

보령 머드 축제 (7월)

대구 치맥 페스티벌 (7월)

목포 항구 축제 (10월)

진해 군항제(4월)

1. 한국의 지역 축제에 가 본 적이 있습니까?

2. 어떤 축제에 가 보고 싶습니까?

한국에는 지역마다 계절별로 다양한 축제가 열린다. 이러한 축제를 통해 즐거움을 느낄 수도 있고 지역 경제도 살릴 수 있다. 목포 유달산에도 해마다 '목포 유달산 봄 축제'가 열린다. 유달산 축제는 벚꽃이 예쁘게 피는 봄에 하는데 보통 토요일과 일요일 이틀 동안 열린다. 축제에서는 다양한 콘서트가 열리기도 하고 노래 대회, 퀴즈 대회 등 **다양하고도** 재미있는 행사가 진행되기도 한다. 특히 최근에는 온라인으로도 함께 진행되어 목포까지 갈 수 없는 사람들도 축제를 즐길 수 있다.

한국에는 이렇게 지역별로 다양한 축제가 열리고 있으니 여행을 하기 전에 축제 일정을 미리 살펴보는 것도 좋을 것이다.

Q1. 유달산 봄 축제는 언제 열리는지 찾아 쓰세요.

Q2. 유달산 봄 축제에서 어떤 행사가 진행되는지 정리해서 써 보세요.

어휘1

- **지역 경제** 　 예 각 지역의 관광객이 많아질수록 **지역 경제**가 살아난다.
- **살리다** 　 예 경제를 **살리기** 위해 일자리를 많이 만들어야 한다.

문법과 표현1

동형-고도

앞과 뒤의 관계가 서로 반대이거나 예상과 다른 결과일 때, 앞에 나온 내용과는 또 다른 특성이 있음을 나타냅니다.

예
1) 이 책의 이야기는 **슬프고도** 아름다운 내용이다.

2) 대학교를 **졸업하고도** 취직을 못하는 사람들이 많다.

3) 우리 언니는 슬픈 영화를 **보고도** 울지 않는다.

4) 친구한테 이메일을 보냈는데 이메일을 **확인하고도** 답장을 안 한다.

✏️ **확인해 보세요**

다음 표현을 사용하여 문장을 완성하세요.

(1) 사랑은 수십억을 _____ 살 수 없다고 생각해요.
　　　　　　　　　　(주다)

(2) 책을 _____ 내용을 이해 못한다는 게 말이 돼요?
　　　　　　(읽다)

(3) 그 사실을 _____ 모르는 척했어요.
　　　　　　　(알다)

이야기해 봅시다

다음은 한국의 케이블카 설치 현황을 나타낸 그림입니다.

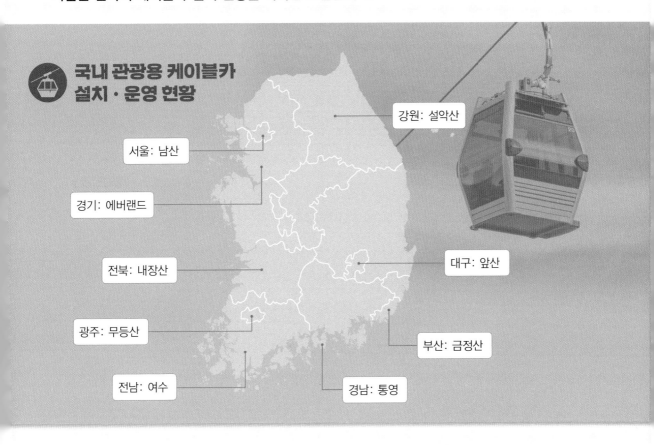

국내 관광용 케이블카
설치 · 운영 현황

강원: 설악산

서울: 남산

경기: 에버랜드

전북: 내장산

대구: 앞산

광주: 무등산

부산: 금정산

전남: 여수

경남: 통영

1. 한국에는 생각보다 많은 곳에 케이블카가 설치되어 있습니다. 케이블카를 이용해 본 적이 있습니까?

2. 여러분은 관광을 위해 케이블카와 같은 시설을 설치하는 것에 대해 어떻게 생각합니까?

 **읽기2**

다음은 케이블카 설치에 대한 글입니다. 잘 읽고 물음에 답하십시오.

❶ 한국의 관광지에 가면 그 도시를 한눈에 볼 수 있는 전망대가 많다. 특히 한국은 산이 많은 지형적인 특색 때문에 높은 산꼭대기에서 올라 여행지의 아름다운 경치를 볼 수 있다. 그런데 높은 곳까지 걸어서 올라가는 것은 여간 힘든 일이 아니다. 이를 위해 한국의 관광지에는 케이블카를 운영하는 곳도 많이 볼 수 있다. 그래서 케이블카를 타고 산 정상까지 올라갈 수 있어서 편하다.

❷ 최근에는 바다 위를 건너는 케이블카가 설치된 곳도 많다. 바다 위를 지나간다고 해서 "해상 케이블카"라고 하는데 산을 이은 케이블카를 타고 발아래 펼쳐지는 바다의 풍경을 감상할 수 있다는 장점이 있어서 강이나 바다를 지나는 케이블카가 많이 설치되고 있다. 특히 목포에 있는 해상 케이블카는 길이가 3.23km로 한국에서 가장 긴 케이블카다. 목포 해상 케이블카를 타고 가다 보면 155m의 높은 곳에서 아름다운 목포의 경치를 볼 수 있다. 케이블카 중에는 바닥을 투명하게 해서 아래를 볼 수 있게 제작한 것도 있는데 이렇게 투명한 케이블카를 타면 발아래 펼쳐지는 아름답고도 짜릿한 바다의 경치를 느낄 수 있다.

목포 해상 케이블카

❸ 이렇게 케이블카를 설치하면 편리하게 관광을 할 수도 있고 높은 곳에서 아름다운 경치를 감상할 수도 있다. 그래서 한국의 관광지에는 상당히 많이 설치되어 있다. 그러나 케이블카 설치에 장점만 있을까? 케이블카를 설치하면 자연환경을 해칠 수 있다는 우려의 시각도 많다. 모든 생명체는 동등한 권리를 가지고 있는데 사람의 편리함을 위해 케이블카를 설치하면 기존에 있던 자연의 풍경이 **망가질뿐더러** 생태계도 파괴될 수 있기 때문이다. 이에 반해 케이블카를 설치하고 관광지로 개발되면 경제 효과가 높다는 시각도 있다. 경제가 성장하면 환경에 투자하고 관리하기 때문에 자연을 더 잘 보존할 수 있고 그 덕분에 오히려 생태계를 보존할 수 있다는 것이다.

모든 일에는 장단점이 있기 마련이지만 우리가 자연을 소유하고 있는 것이 아니라 자연을 빌려 쓴다고 생각한다면 무분별하게 개발하는 일은 없을 것이다. 자연은 그 자체로 아름답다. 그 아름다움을 사람들이 함부로 바꿀 수 있는 권리는 없다.

내용 확인 문제

1. 목포 해상 케이블카에 대한 설명으로 맞는 것을 고르세요.

① 산과 산을 이은 한국에서 가장 높은 케이블카다.

② 모든 케이블카의 바닥을 투명하게 해서 짜릿한 느낌을 준다.

③ 운행 거리가 3.23km로 지금까지 한국에 있는 케이블카 중에서 가장 길다.

2. 케이블카 설치의 장점에 대해 맞지 <u>않는</u> 것을 고르세요.

① 편리하게 관광을 할 수 있다.

② 높은 곳에서 경치를 감상할 수 있다.

③ 높은 곳에서 케이블카를 타는 게 여간 힘들지 않다.

④ 그 지역이 관광지로 개발되면 경제 효과가 생길 수 있다.

3. 케이블카 설치의 단점에 대해 쓰세요.

4. 각 단락의 제목으로 알맞은 것을 연결하세요.

1) ❶ •   • ⓐ 목포 해상 케이블카

2) ❷ •   • ⓑ 케이블카 설치의 장단점

3) ❸ •   • ⓒ 케이블카가 많은 한국의 관광지

어휘와 표현2

- **특색**　　　예 여행을 하면서 각 지역의 음식을 먹어 보면 지역의 **특색**을 느낄 수 있다.
- **펼쳐지다**　예 눈앞에 **펼쳐진** 목포의 바다가 정말 아름다웠다.
- **해치다**　　예 무리하게 운동을 하면 오히려 건강을 **해칠** 수 있다.
- **우려**　　　예 지진 때문에 큰 피해가 있을 거라는 **우려**가 있었지만 다행히 큰 피해가 없었다.
- **동등하다**　예 그 회사에서는 모든 사람을 차별 없이 **동등하게** 대한다.
- **권리**　　　예 모든 사람은 법 앞에 동등한 **권리**를 가진다.
- **파괴되다**　예 환경오염으로 자연이 **파괴되고** 있다.
- **무분별하다** 예 도시를 개발할 때는 계획하지 않고 **무분별하게** 하면 안 된다.

됭형-(으)ㄹ뿐더러

어떤 사실에 더해 다른 사실도 있음을 나타냅니다.

> 예 1) 이번에 뽑힌 신입사원은 일도 **잘할뿐더러** 성격도 좋다.
>
> 2) 새로 이사 가는 집은 교통이 **편리할뿐더러** 회사까지 거리도 가깝다.
>
> 3) 그 운동은 건강에 **좋을뿐더러** 마음도 편안하게 해 준다.
>
> 4) 이 집은 **좁을뿐더러** 오래되고 낡았다.

✏️ 확인해 보세요

다음 표현을 사용하여 문장을 완성하세요.

(1) 그 음식은 영양이 _____ 맛도 있다.
　　　　　　　　　　　　(풍부하다)

(2) 오늘은 바람도 많이 _____ 기온도 낮다.
　　　　　　　　　　　　(불다)

(3) 그 사람은 책을 많이 _____ 다큐멘터리도 많이 봐서 아는 게 많다.
　　　　　　　　　　　　(읽다)

🔍 이 표현도 알고 있나요?

| 여간 됭형-(으)ㄴ/는 것이 아니다

말하고자 하는 내용을 부정하여 표현하지만 사실은 그렇다는 것을 강조하여 나타냅니다.

> 예 내 동생은 **여간 똑똑한 것이 아니다.** 한 번 들으면 잊어버리지 않는다.
>
> 이곳은 **여간 유명한 것이 아니야.** 한정식도 맛있고 볼거리도 많아.

 **정리하고 요약하기**

읽은 내용을 따라 쓰고 단락을 정리해 보세요.

1) 각 단락의 중요한 단어를 메모해 보세요.

❶의
핵심 단어

❷의
핵심 단어

❸의
핵심 단어

2) 메모한 단어를 활용해서 단락의 내용을 요약해 보세요.

❶의
내용 정리

❷의
내용 정리

❸의
내용 정리

 **더 생각해 보기**

1. 지역 경제를 살리기 위해 어떻게 하는 것이 좋은지 이야기해 보세요.

2. 관광지를 개발하는 것과 환경을 보존하는 것 중에서 자신의 의견을 정리해서 이야기해 보세요.

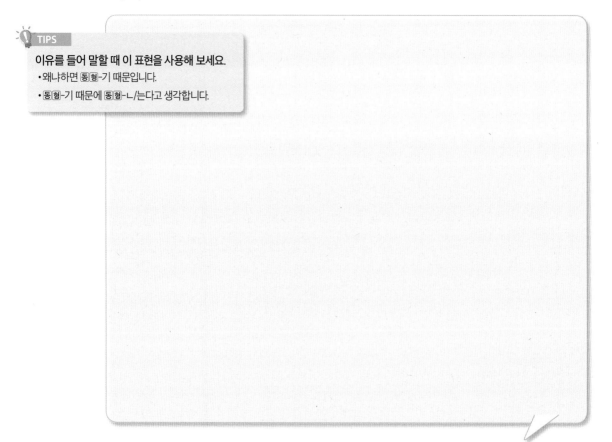

TIPS

이유를 들어 말할 때 이 표현을 사용해 보세요.
- 왜냐하면 동형-기 때문입니다.
- 동형-기 때문에 동형-ㄴ/는다고 생각합니다.

알아 두면 좋은 여행 이야기

목포에 가면 드라마 촬영지로 유명한 근대 역사관에 가 보거나 해상 케이블카를 타 보는 것도 좋지만 평화광장 앞 바다에서 볼 수 있는 '춤추는 바다 분수'에 가 보는 것도 좋다. 월요일을 제외한 매일 저녁 8시부터 하루에 2~3회 정도 공연이 진행되는데 음악과 분수가 어우러지는 모습이 매우 아름답다. 특히 신청곡이나 사연을 미리 신청하면 분수 공연 전에 방송을 통해 나오는데 자신의 사연이 나오는 것을 본 많은 사람들이 감동을 받았다고 한다. 이곳에 가면 세계 최초이자 최대인 바다 분수에서 낭만적인 밤을 보낼 수 있을 것이다.

그뿐만 아니라 시티투어 버스도 운행하고 있는데 버스를 타고 목포의 주요 관광지를 돌아볼 수 있어서 편리하므로 미리 예약을 하고 이용해 보는 것도 좋다.

목포에 가 보세요.

Q 어떻게 가요?

서울에서 고속버스나 KTX를 타고 갈 수 있어요.
버스로 5시간 정도 걸리고 KTX로 2시간 50분 정도 걸려요.

서울					목포
🚌			5시간		
🚆	2시간 50분				

1h 2h 3h 4h 5h

※자세한 정보는 인터넷에서 확인하세요.

시티투어 버스   목포관광

건강한 식사

오늘은 한국에서 유명한 관광지,
부산으로 가 볼까요?

오늘 우리가 나눌 이야기는
'**건강**'이에요.

부산 홍보 영상 ①

부산 홍보 영상 ②

부산 홍보 영상 ③

부산영화촬영스튜디오
영화의 전당

벡스코

해운대

광안리

감천문화마을

자갈치 시장

태종대

부산광역시

광안리 해수욕장

태종대

식품도 신문처럼 구독할까?

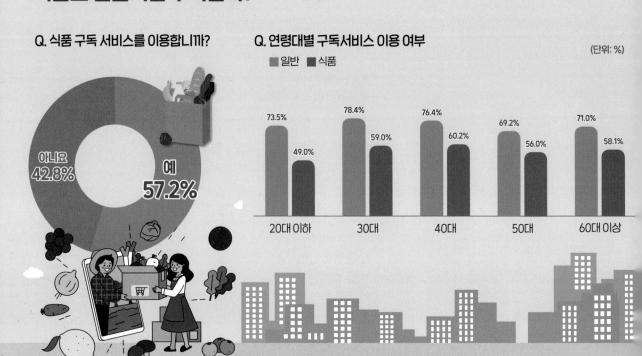

Q. 식품 구독 서비스를 이용합니까?

아니요 42.8%

예 57.2%

Q. 연령대별 구독서비스 이용 여부

(단위: %)

■ 일반 ■ 식품

연령대	일반	식품
20대 이하	73.5%	49.0%
30대	78.4%	59.0%
40대	76.4%	60.2%
50대	69.2%	56.0%
60대 이상	71.0%	58.1%

1. 여러분은 어떤 구독 서비스를 이용해 봤습니까?

2. 건강을 위해 음식 구독 서비스를 이용하는 경우도 증가하고 있습니다. 앞으로 어떤 구독 서비스가 생길지 이야기해 봅시다.

　부산은 즐길 거리도 많고 맛있는 음식도 아주 많은 유명한 관광지이다. 부산에는 맛도 있고 건강에도 좋은 음식이 많다. 나는 부산 음식을 좋아해서 가끔 인터넷으로 구매하기도 하는데 특히 어묵은 구독 서비스를 이용할 정도로 좋아한다. 그런데 최근 내가 구독하고 있는 SNS 채널에서 부산에 대한 뉴스를 보고 마음이 좀 아팠다. 여름만 되면 발 디딜 틈이 없을 정도로 많은 관광객이 찾는 해운대 해수욕장에 무질서로 인해 눈살을 찌푸리게 만드는 일도 적지 않다는 뉴스였다. 여행객들이 쓰레기를 함부로 버리고 떠나는 문제도 심각하고 술에 취해 다른 관광객들에게 피해를 주는 사건도 종종 발생한다고 한다. 몸과 마음의 휴식을 위해 찾는 **관광지니만큼** 그곳에서의 여행이 아름답게 기억될 수 있도록 다른 사람을 배려하는 마음이 필요하다는 생각이 들었다.

Q1. 해운대 해수욕장에 대한 뉴스는 무엇인지 쓰세요.

Q2. 글쓴이의 의견이 무엇인지 써 보세요.

어휘1

- 즐길 거리   예 너무 심심한데 게임 같은 **즐길 거리**가 있으면 좋겠다.
- 발 디딜 틈이 없다   예 축제에는 사람들이 너무 많아서 **발 디딜 틈이 없을** 정도였다.
- 무질서   예 **무질서**와 혼란이 가득한 뉴스를 볼 때마다 답답해진다.
- 눈살을 찌푸리다   예 공공장소에서 다른 사람들의 **눈살을 찌푸리게** 하는 행동은 하지 않아야 한다.
- 종종   예 저는 **종종** 공원에서 음악을 들으면서 산책해요.

문법과 표현1

동-느니만큼, 형-(으)니만큼

앞의 내용이 뒤의 내용의 원인이나 근거가 됨을 나타냅니다.

예
1) 이번 일은 우리에게 **중요하니만큼** 잘 준비합시다.

2) 이번 대회에 많은 팀에서 **참가하느니만큼** 우리도 최선을 다하도록 합시다.

3) 이곳은 **공공장소이니만큼** 다른 사람에게 피해를 주는 일은 하면 안 된다.

4) 오늘은 **첫날이니만큼** 중요한 안내가 많을 것입니다.

✏️ 확인해 보세요

다음 표현을 사용하여 문장을 완성하세요.

(1) 이번 일은 우리에게 중요한 기회가 _____ 잘 준비해야 돼요.
                                              (될 수 있다)

(2) 이번 결정으로 제 미래가 _____ 잘 생각할 거예요.
                                 (결정되다)

(3) 시험이 _____ 열심히 공부해야 돼요.
                          (어렵다)

이야기해 봅시다

다음은 한국인의 식사에 대한 그래프입니다.

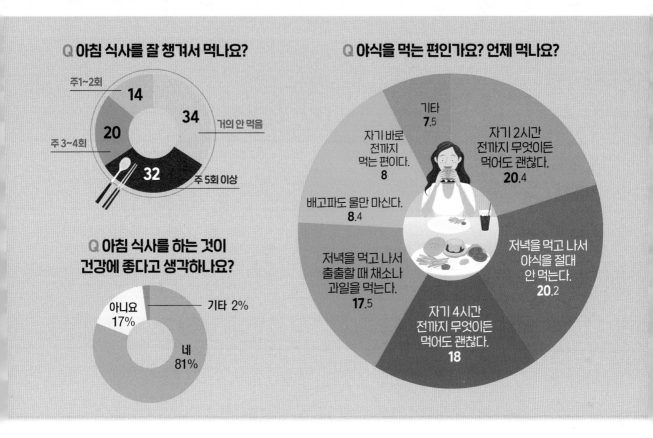

Q 아침 식사를 잘 챙겨서 먹나요?

- 주 1~2회 **14**
- 거의 안 먹음 **34**
- 주 3~4회 **20**
- 주 5회 이상 **32**

Q 아침 식사를 하는 것이 건강에 좋다고 생각하나요?

- 아니요 **17%**
- 기타 **2%**
- 네 **81%**

Q 야식을 먹는 편인가요? 언제 먹나요?

- 기타 **7.**5
- 자기 바로 전까지 먹는 편이다. **8**
- 자기 2시간 전까지 무엇이든 먹어도 괜찮다. **20.**4
- 배고파도 물만 마신다. **8.**4
- 저녁을 먹고 나서 야식을 절대 안 먹는다. **20.**2
- 저녁을 먹고 나서 출출할 때 채소나 과일을 먹는다. **17.**5
- 자기 4시간 전까지 무엇이든 먹어도 괜찮다. **18**

1. 여러분은 아침 식사를 꼭 챙겨서 먹는 편입니까?

2. 야식을 먹어 본 적이 있습니까? 야식에 대한 경험을 이야기해 보세요.

다음은 야식에 대한 글입니다. 잘 읽고 물음에 답하십시오.

❶ 한동안 나는 야식에 푹 빠져 있었다. 어느 날 **출출하던 차에** 방송에서 나오는 광고를 보고 주문하게 되었고 그렇게 시작된 나의 야식 사랑은 점점 깊어졌다. 요즘은 배달 앱이 잘 되어 있어서 매일 밤 야식의 즐거움에 빠져 버리고 만 것이다. 그래서 여행을 가서도 야식의 유혹에서 벗어나지 못했다. 특히 부산에서 여행을 했을 때는 맛있는 음식이 많아서 그런지 야식을 더 많이 먹게 되었다. 그런데 이상한 일이 생겼다. 여행을 하고 돌아온 후 다른 때와 달리 너무 피곤했다. 날씨 탓인지 야식 탓인지 여행 탓인지 원인을 알고 싶었다. 그래서 인터넷을 찾아봤더니 야식을 먹는 나쁜 식습관으로 인해 피곤함을 느낄 수도 있다는 내용을 보게 되었다. 그 이유는 위에 음식물이 남아 있으면 성장 호르몬이 작용하지 않기 때문이라고 한다.

❷ 호르몬은 우리 몸의 구석구석을 돌아다니며 중요한 메시지를 전달한다. 배가 고플 때 호르몬들은 먹으라는 메시지를 보내고 식사를 한 후에도 음식물을 몸에 저장해야 하는지 아닌지를 알려 준다.

성장 호르몬은 몸이 성장하도록 돕는데 새로운 세포를 만들어 내고 손상된 세포도 복구하는 역할을 한다. 성장 호르몬 덕분에 우리는 젊음과 건강을 유지할 수 있는 것이다. 성장 호르몬은 보통 우리가 잠을 잘 때 분비되는데 새로운 성장 호르몬이 밤에 만들어지지 않으면 몸의 세포들은 정상적으로 작동하지 않게 된다. 그러므로 밤에 잠을 자지 않고 야식을 먹으면 성장 호르몬이 만들어질 시간이 부족해진다. 그리고 야식으로 주로 탄수화물이 많이 들어 있는 음식을 먹기 마련인데 그것은 먹은 후 당으로 변해서 우리의 혈액으로 들어가게 된다. 그렇게 만들어진 혈당은 성장 호르몬이 분비되는 것을 막고 그 결과 손상된 몸의 세포가 복구되지 않게 된다. 이런 이유로 야식을 즐기면 다음 날 더 피곤해지는 것이다.

❸ 따라서 우리는 잠들기 최소한 3시간 전에는 저녁 식사를 마쳐야 한다. 사람이 음식을 소화시키는 데 평균 3시간이 걸리기 때문이다. 즉 식사를 마치고 나서 3~4시간 후에 잠을 자는 것이 좋고 만약 배고픔을 느낀다면 물을 좀 마셔 보는 것이 도움이 된다고 한다. 그래서 나는 야식을 끊고 조금 일찍 저녁을 먹고 배가 고플 때는 물을 마셨다. 그랬더니 실제 피곤함을 덜 느끼게 되었을 뿐만 아니라 살도 덜 찌게 되었다.

내용 확인 문제

1. 여행 후 피곤함을 더 느끼게 된 가장 주된 이유는 무엇입니까?

2. 호르몬에 대한 설명으로 맞지 <u>않는</u> 것을 고르세요.
   ① 야식을 먹으면 더 잘 만들어진다.
   ② 손상된 세포를 다시 만들어 낸다.
   ③ 배고플 때 먹으라는 메시지를 전달한다.
   ④ 탄수화물로 만들어진 혈당은 성장 호르몬의 분비를 돕는다.

3. ❸에서 야식을 끊은 후에 어떤 변화가 있다고 했습니까?

4. 각 단락의 제목으로 알맞은 것을 연결하세요.
   1) ❶ •   • ⓐ 건강한 식사 습관
   2) ❷ •   • ⓑ 나의 나쁜 습관, 야식
   3) ❸ •   • ⓒ 야식이 건강에 나쁜 이유

어휘와 표현2

- **한동안**　　　예 나는 **한동안** 그 드라마에 빠져 있었다.
- **작용하다**　　예 이번 일은 운이 많이 **작용한** 것 같다.
- **전달하다**　　예 이 서류를 박 선생님께 **전달해** 주시면 감사하겠습니다.
- **구석구석**　　예 언젠가는 한국 **구석구석** 여행을 다니면서 살고 싶다.
- **성장하다**　　예 이번 아르바이트는 너무 힘들었지만 이 일을 통해 더 **성장할** 수 있었다.
- **손상되다**　　예 그 선수는 지난번 농구 경기에서 손가락뼈가 **손상되는** 부상을 입었다.
- **복구하다**　　예 폭우로 인해 끊어진 다리를 **복구하는** 공사를 하고 있다.
- **최소한**　　　예 그곳을 여행하려면 **최소한** 100만 원이 있어야 한다.

동형 -던 차에

앞의 일을 하려는 기회나 앞의 일이 나타내는 순간에 그와 관련된 일이 일어남을 나타냅니다. '–던 차이다'의 형태로도 사용합니다.

예
1) 아르바이트를 **찾던 차에** 친구가 좋은 일자리를 소개해 주었다.

2) 잠이 들려고 **하던 차에** 전화가 와서 잠이 깼다.

3) 파티에 무슨 옷을 입을지 생각하고 **있던 차에** 형이 옷을 빌려주었다.

4) 친구가 안 와서 집에 가려고 **하던 차에** 친구한테서 전화가 왔다.

✏️ 확인해 보세요

다음 표현을 사용하여 문장을 완성하세요.

(1) _____ 친구가 와서 같이 외출했다.
　　　　(심심하다)

(2) 혼자 밥을 _____ 친구가 전화를 해서 같이 먹기로 했다.
　　　　　　　(먹으려고 하다)

(3) 자려고 방에 _____ 할아버지께서 잠깐 이야기를 하자고 부르셨다.
　　　　　　　(들어가다)

🔍 이 표현도 알고 있나요?

┃ 동 -았더니/었더니

앞의 내용과 다른 새로운 사실이나 상황이 있음을 나타내거나 과거의 사실이나 상황이 뒤에 오는 말의 원인이나 이유가 됨을 나타냅니다.

예 집에 **왔더니** 택배가 와 있었다.

어제 커피를 많이 **마셨더니** 잠이 안 온다.

┃ 명 탓

부정적인 결과가 생긴 원인이나 이유를 나타냅니다.

예 부끄러움이 많은 성격 **탓에** 친구를 빨리 사귈 수 없다.

다른 사람 **탓하지** 말고 네가 잘못한 것은 없는지 생각해 봐.

 **정리하고 요약하기**

읽은 내용을 따라 쓰고 단락을 정리해 보세요.

1) 각 단락의 중요한 단어를 메모해 보세요.

❶의
핵심 단어

❷의
핵심 단어

❸의
핵심 단어

2) 메모한 단어를 활용해서 단락의 내용을 요약해 보세요.

❶의
내용 정리

❷의
내용 정리

❸의
내용 정리

더 생각해 보기

1. 건강을 위해 특별히 먹는 음식이 있습니까? 이야기해 보세요.

2. 여러분 나라 음식 중에서 건강에 좋은 음식이 무엇인지 소개해 보세요.

3. 건강과 식사에 대한 자신의 의견을 자유롭게 이야기해 보세요.

알아 두면 좋은 여행 이야기

부산은 아주 많은 관광지가 있는 곳이고 해마다 많은 관광객들이 부산을 찾고 있다. 부산은 다양한 매력을 가지고 있어서 한 번 가 본 사람은 두 번, 세 번 또 찾는다. 부산 송도에 가면 용궁구름다리가 있는데 '동섬'이라는 작은 섬과 다리로 연결되어 있어서 바다 위를 산책할 수 있다. 그리고 바닷길을 따라 산책할 수 있는 암남공원에도 가 볼 만하다.

송도 용궁 구름다리

암남공원

그리고 신선한 회뿐만 아니라 돼지국밥, 밀면 등 맛있는 음식도 많으니 즐거운 여행이 될 것이다.

돼지국밥

밀면

부산에 가 보세요.

부산관광공사

🔍 어떻게 가요?

서울에서 고속버스나 KTX를 타고 갈 수 있어요.
버스로 4시간 20분 정도 걸리고 KTX로 2시간 40분 정도 걸려요.

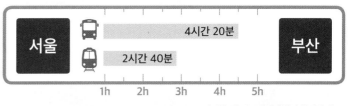

| 서울 | 🚌 | 4시간 20분 | 부산 |
| | 🚆 | 2시간 40분 | |

1h 2h 3h 4h 5h

※자세한 정보는 인터넷에서 확인하세요.

12 제주
Jeju

행복한 마무리

오늘은 한국에서 유명한 관광지,
제주로 가 볼까요?

오늘 우리가 나눌 이야기는
'책거리'예요.

협재하

제주 홍보 영상 ①

제주 홍보 영상 ②

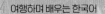

비자림

제주도

용두암

만장굴

제주공항

성산일출봉

한라산

천지연 폭포

올레길

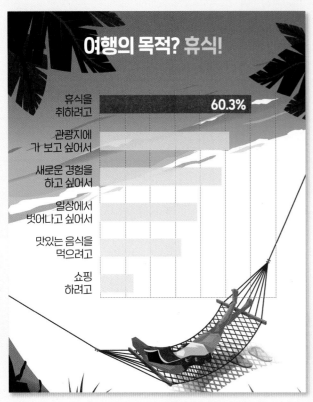

1. 여러분은 언제 여행을 떠납니까? 어떤 여행을 선호합니까?

2. 한 달 정도 여행을 한다면 어디에서 여행하고 싶습니까? 그곳에서 무엇을 하고 싶습니까?

읽기1

제주도는 관광도시로 유명한 곳이다. 해수욕장을 비롯해서 다양한 관광지가 있고 음식도 유명하다. 제주도에는 구경을 하거나 관광을 하는 사람들이 많이 **찾는가 하면** 며칠 동안 바다를 보면서 휴식을 취하려는 사람들도 많이 찾는다고 한다. 그런데 최근에는 단순히 며칠 여행하는 것에 그치는 것이 아니라 '한달살이'와 같이 제주도에 한 달 정도 머물면서 제주의 곳곳을 여행하는 사람도 많고 반려견과 함께 여행하는 사람들도 늘고 있다고 한다. 여유가 있다면 사람이 많이 찾는 관광지가 아닌 조용한 곳에서 쉬면서 자신만의 시간을 가져보는 것도 좋을 것이다.

Q1. 제주도로 여행 가는 목적이 무엇인지 정리해서 쓰세요.

Q2. '한달살이'는 무엇인지 써 보세요.

어휘1

- **휴식을 취하다**   예 의사 선생님이 과로하지 말고 며칠 휴식을 취하는 게 좋겠다고
  했다.
- **그치다**   예 나의 제주도 여행은 바쁜 회사일 때문에 계획으로만 **그쳤다**.
- **반려견**   예 최근 강아지를 키우는 사람들이 많아져서 **반려견**과 함께 갈 수
  있는 카페나 식당도 생기고 있다.

문법과 표현1

> ### 동-는가 하면, 형-(으)ㄴ가 하면

앞의 내용과 뒤의 내용이 서로 반대되거나 앞의 내용에 다른 상황을 추가해서 말할 때 사용
합니다.

예 1) 그 지역은 비도 자주 **오는가 하면** 눈도 자주 온다.

2) 오이는 수분 섭취에 도움이 **되는가 하면** 피부 미용에도 도움이 된다.

3) 그 사람은 일을 **잘하는가 하면** 실수도 거의 안 해서 컴퓨터 같다.

4) 여기는 날씨가 좋은 날이 **많은가 하면** 비가 오는 날도 많다.

✏️ 확인해 보세요

다음 표현을 사용하여 문장을 완성하세요.

(1) 내 동생은 고기는 ＿＿＿＿＿＿＿＿＿＿＿ 야채는 잘 안 먹어서 걱정이다.
  (잘 먹다)

(2) 이번 홍수로 인해 두 명이 ＿＿＿＿＿＿＿＿＿＿＿ 주변 지역에 심한 피해를 입었다.
  (실종되다)

(3) 시사회에 유명한 연예인들이 ＿＿＿＿＿＿＿＿＿＿ 정치인들도 참석해서
  (참석하다)

  그 영화에 대한 관심을 실감할 수 있었다.

 **이야기해 봅시다**

다음은 한국어 공부에 대한 그래프입니다.

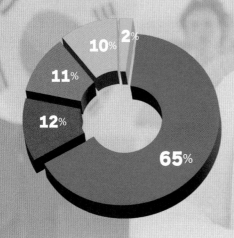

한국어를 배우는 이유

10% 2%
11%
12%
65%

- ■ 한국 대학(대학원)에 입학하려고
- ■ 한국에서 일하고 싶어서
- ■ K-POP이나 K-drama를 즐기고 싶어서
- ■ 고향에서 취직하기 쉬워서
- ■ 한국 친구가 있어서

1. 여러분은 왜 한국어를 공부하기 시작했습니까? 한국어 공부를 시작한 첫날 기분이 어땠습니까?

2. 한국어를 공부할 때 가장 어려운 점은 무엇입니까? 그 어려움 때문에 실수를 한 적이 있습니까?

 **읽기2**

다음은 책씻이에 대한 글입니다. 잘 읽고 물음에 답하십시오.

❶ 만남이 있으면 헤어짐도 있듯이 모든 일에는 시작과 끝이 있기 마련이다. 한국에서는 예로부터 책을 한 권 끝내면 '책씻이'라는 작은 행사를 했다. 옛날 서당에서 책을 한 권 공부하고 나면 공부를 다 끝낸 학생이 선생님과 친구들에게 한턱을 냈다. 이것을 '책씻이'라고 하고 다른 말로 '책거리'라고도 한다.

책씻이에서는 보통 국수나 송편과 같은 음식을 준비해서 서로 나눈다. 송편은 안에 팥이나 깨 등을 넣는 떡으로 반드시 준비하는 음식인데 속이 꽉 차 있기 때문에 열심히 공부해서 지식을 채우라는 의미가 있다고 한다.

또한 책씻이에는 그동안 가르쳐 주신 선생님께 감사하는 마음도 담겨 있다. 옛날 서당에는 학비를 따로 내지 않는 경우가 있었기 때문에 책씻이를 통해 특별한 음식을 선생님께 대접하는 것이다. 이렇게 책씻이는 한 권의 책을 마무리하며 서로 마음을 나누는 따뜻한 행사다. 책씻이는 반드시 해야 하는 공식적인 행사는 아니라서 최근에는 소소하게 이루어지기도 한다.

❷ 공부를 끝냈을 때 하는 공식적인 행사는 졸업식이다. 한국에서는 초등학교, 중학교, 고등학교, 대학교를 졸업할 때 졸업식을 한다. 한국의 졸업식은 보통 2월에 하는데 한국의 학기는 3월에 시작하고 2월 중순에 끝나기에 졸업식도 2월에 한다. 졸업식에는 가족들이 참석해서 축하해 준다. 과거에 졸업식은 다소 진지한 분위기로 진행되는 경우가 많았으나 최근에는 축제와 졸업식을 함께해서 격려와 축하를 동시에 하는 경우도 있다. 그리고 고등학교를 졸업하고 대학에 입학하는 학생들을 위해서는 미용실이나 극장 등 다양한 곳에서 이벤트를 열어 예비 대학생을 축하해 주기도 한다. 고등학교를 졸업한 학생들은 어른이 다 **된 양** 즐거워한다.

대학의 졸업식에서 졸업생은 학사모를 쓰고 학사복을 입는다. 졸업은 끝이 아니라 또 다른 시작이다. 대학을 졸업한 학생들은 취업을 하거나 대학원에 진학하는 등 또 다른 생활을 시작하게 된다.

❸ 무슨 일이든지 시작과 마무리가 있는 법이다. 한국어 공부를 처음 시작했을 때를 기억하는가? 그날과 지금의 자신의 모습을 비교해 보면 많이 성장한 것을 발견할 수 있을 것이다. 한국어로 여행을 시작했던 첫날의 설렘을 간직한 채 꾸준히 한국어 공부를 하다 보면 자신의 꿈을 이루는 날이 올 것이다. 한국의 남쪽 끝에 있는 제주도를 끝으로 이번 한국 여행은 끝나지만 앞으로 더 많은 곳에서 여행하며 한국어로 자신을 표현해 보기 바란다. 오늘 제주도 여행을 끝으로 자신만의 책씻이를 하면서 또 다른 시작을 준비해 보면 어떨까?

내용 확인 문제

1. '책씻이'란 무엇입니까?

2. 책씻이에서 준비하는 음식과 그 이유는 무엇인지 쓰세요.

준비하는 음식	
그 이유	

3. 졸업식에 대한 설명으로 알맞은 것을 고르세요.
  ① 한국의 졸업식은 보통 3월 중순에 한다.
  ② 졸업식은 가족들이 참석해서 진지하게 진행된다.
  ③ 최근에는 축제와 졸업식을 동시에 하는 학교도 있다.
  ④ 고등학교를 졸업하면 학사모를 쓰고 학사복을 입는다.

4. 각 단락의 제목으로 알맞은 것을 연결하세요.
  1) ❶ •   • ⓐ 책씻이의 의미
  2) ❷ •   • ⓑ 한국어 공부의 마무리
  3) ❸ •   • ⓒ 학업의 마무리, 졸업식

어휘와 표현2

- **서당**   예 옛날에는 **서당**이라는 곳에서 공부했다.
- **채우다**   예 오늘 모임에 빈자리가 많았는데 갑자기 친구들이 많이 와서 빈자리를 모두 **채웠다**.
- **대접하다**   예 한국 사람들은 집에 오는 손님을 잘 **대접해야** 한다고 생각한다.
- **마무리하다**   예 오늘은 한국 노래를 들으면서 수업을 **마무리하겠습니다**.
- **소소하다**   예 요즘 나는 나의 **소소한** 일상을 사진으로 찍어서 SNS에 올리고 있다.
- **다소**   예 이번 시험에는 **다소** 어려운 문제가 많았다.
- **진지하다**   예 오스틴 씨는 **진지한** 얼굴로 할 말이 있는데 시간이 있느냐고 했다.

문법과 표현2

> # 동-는 양, 형-(으)ㄴ 양

어떤 행동을 하고 있는 것처럼 보이거나 어떤 모습을 하고 있는 것처럼 보일 때 사용합니다.

예
1) 라라는 그 일에 대해 모르면서 **아는 양** 이야기했다.

2) 어제 친구는 무슨 대단한 일이 **있는 양** 진지한 얼굴로 찾아왔다.

3) 동생은 밥을 다 먹었는데도 아무것도 안 **먹은 양** 배고프다고 했다.

4) 언니는 친구에게 억울한 일이 생기자 자기 **일인 양** 해결하려고 했다.

✏️ 확인해 보세요

다음 표현을 사용하여 문장을 완성하세요.

(1) 나는 ＿＿＿＿＿＿＿＿＿＿＿＿ 웃었지만 사실 마음이 너무 아팠다.
　　　　　　(괜찮다)

(2) 동생은 다리를 다치고도 ＿＿＿＿＿＿＿＿＿＿ 걸었다.
　　　　　　　　　　(안 아프다)

(3) 두 사람은 친한데 서로 ＿＿＿＿＿＿＿＿＿＿ 인사도 안 해요.
　　　　　　　　　(모르다)

🔍 이 표현도 알고 있나요?

| 동형-기에

뒤에 오는 말의 원인이나 근거를 나타냅니다.

예 오늘은 비가 **오기에** 집에서 쉬기로 했다.

책을 싸게 **팔기에** 한 권 샀다.

| 동-는 법이다, 형-(으)ㄴ 법이다

앞의 내용이 이미 그렇게 정해져 있거나 그런 것이 당연하다는 뜻을 나타냅니다.

예 원숭이도 나무에서 떨어질 때가 있는 **법이에요**.

착하게 살면 언젠가 복을 받는 **법이다**.

정리하고 요약하기

읽은 내용을 따라 쓰고 단락을 정리해 보세요.

1) 각 단락의 중요한 단어를 메모해 보세요.

❶의
핵심 단어

❷의
핵심 단어

❸의
핵심 단어

2) 메모한 단어를 활용해서 단락의 내용을 요약해 보세요.

❶의
내용 정리

❷의
내용 정리

❸의
내용 정리

더 생각해 보기

1. 여러분 나라에도 학업을 마무리하는 특별한 행사가 있습니까?

2. 이 책의 공부를 끝내고 나만의 책씻이를 어떻게 하고 싶은지 이야기해 보세요.

3. 한국어 공부가 끝나면 어떤 계획이 있는지 이야기해 보세요.

알아 두면 좋은 여행 이야기

제주는 한국에서 가장 유명한 관광지이다.
외국인들에게도 유명한 한라산과 아름다운 해수욕장 등
볼거리, 즐길 거리가 풍부하고 흑돼지 삼겹살을 비롯해서
싱싱한 해산물 등 먹거리도 다양하다.

제주에는 돌과 바람, 여자가 많다는 말이 있다.
옛날에는 남자들이 바다로 일하러 나갔다가 사고를
당하고 못 돌아오는 일이 많았기에 남자는 적고 여자가
많다고 한다. 그리고 도둑, 거지, 대문이 없는 것으로도
유명한데 대문이 없는 대신 '정낭'이라는 것으로 집에
사람이 있는지 알렸다고 한다.

외국인들이 가고 싶어 하는 관광지 제주. 아름다운
경치뿐만 아니라 흥미로운 문화로 가득한 제주에서
아름다운 추억을 만들면 좋을 것이다.

한라봉

정낭

제주도에 꼭
가 보세요.

어떻게 가요?
서울에서 비행기를 타고 갈 수 있어요.
비행기를 타면 50분 정도 걸려요.

서울	✈ 50분	제주

0   1h   2h   3h

※자세한 정보는 인터넷에서 확인하세요.

제주도 여행지
소개

제주 관광공사

여행을 마치며

한국을 여행해 본 소감은 어땠나요? 한국어 공부가 어렵기는 하지만 여행하듯이 즐거웠으면 합니다.

한국에는 이 책에서 소개하지 못했지만 유명하고 아름다운 관광지가 많습니다.

한국은 큰 나라는 아니지만 아름답고 가 볼 만한 곳이 많은 나라입니다.

한국에서 아름다운 추억을 만들기 바랍니다.

여기도 한번 가 보세요!

경기 – 안성팜랜드

춘천 – 남이섬

강원도 – 대관령 양떼목장

울릉도, 독도

단양 – 만천하스카이워크

담양 – 죽녹원, 메타세쿼이아 가로수길

곡성 – 섬진강기차마을

경주 – 불국사, 황리단길 – 경주빵

울산 – 영남알프스

여수 – 오동도

포항 – 호미곶

정답

| 읽기1 |

Q1. 예 한옥의 전통적인 아름다움과 현대적인 문화가 공존하는 매력이 있다.

| 문법과 표현1 |

1) 먹을 만해요
2) 볼 만한
3) 도움이 될 만한

| 내용 확인 문제 |

1. ①
2. 햇빛을 막아 주고 눈이나 비가 들어오지 않도록 막아 주었다.
3. ②
4. 1) ⓐ   2) ⓒ   3) ⓑ

| 문법과 표현2 |

1) 처음이자
2) 가족이자
3) 배우이자

| 정리하고 요약하기 |

1) 예

❶의 핵심 단어	휴식의 공간, 일상

❷의 핵심 단어	자연환경, 기후의 영향

❸의 핵심 단어	한옥, 자연, 재료

2) 예

❶의 내용 정리	집은 사람에게 휴식의 공간이자 일상이 담긴 공간이다. 아주 오래전에는 그 당시 환경에 맞는 집을 지어 살았다.

❷의 내용 정리	한국의 전통 집도 자연환경과 기후의 영향을 받아 지어졌다. 추운 북쪽 지방은 추위를 이길 수 있도록 지어졌고 더운 남쪽 지방은 개방적인 형태로 지었다.

❸의 내용 정리	한옥의 재료는 자연에서 나오는 나무나 흙으로 지었는데 한옥을 통해 한국인의 지혜를 엿볼 수 있다.

| 읽기1 |

Q1. 예 '세종대로'라는 도로의 이름, 세종대왕 동상을 세워 기념한 광화문 광장, 만 원권 지폐 등을 통해 알 수 있다.

Q2. 예 세종대왕이 만든 책들도 있고 조선시대의 과학과 관련된 자료도 볼 수 있다.

| 문법과 표현1 |

1) 기억할 정도로
2) 없을 정도로
3) 마실 정도예요

| 내용 확인 문제 |

1. ③
2. 독서를 너무 열심히 해서 눈이 나빠질까 봐 걱정했기 때문
3. ④
4. 1) ⓒ   2) ⓑ   3) ⓐ

| 문법과 표현2 |

1) 울다시피 하면서
2) 살다시피 한다
3) 뛰다시피 했다

| 정리하고 요약하기 |

1) 예

❶의 핵심 단어	세종대왕, 존경, 젊은 나이

❷의 핵심 단어	독서, 열중, 노력

❸의 핵심 단어	백성, 사랑하다, 한글, 위대한 왕

2) 예

❶의 내용 정리	조선시대 왕인 세종대왕은 한국인의 존경을 받고 있는 인물로 젊은 나이에 왕이 되었다.

❷의 내용 정리	세종대왕은 어릴 때부터 독서를 많이 했고 항상 열심히 했다. 왕이 된 후에도 항상 노력했다.

❸의 내용 정리	세종대왕은 백성을 너무나 사랑해서 한글을 만들었다. 세종대왕은 위대한 왕이다.

3과

| 읽기1 |

Q1. 예 유네스코 세계 문화 유산에 등록될 정도로 예술적으로 우수하고 화성을 중심으로 신도시가 건설되어 경제적으로 풍요로움을 누릴 수 있었기 때문이다.

Q2. 예 정조의 행차 모습을 볼 수 있고 수원 화성 문화제도 열리기 때문이다.

| 문법과 표현1 |

1) 간다면
2) 없다면
3) 받는다면

| 내용 확인 문제 |

1. 효심이 깊다, 효도하다, 효자, 효녀

2. ①
3. ④
4. 1) ⓐ   2) ⓒ   3) ⓑ

| 문법과 표현2 |

1) 긴장하기 마련이다
2) 변하기 마련이다
3) 벌을 받기 마련이다

| 정리하고 요약하기 |

1) 예

❶의 핵심 단어	효, 효도, 중요성

❷의 핵심 단어	수원 화성, 정조대왕, 효심, 소통

❸의 핵심 단어	효, 한국, 중요한 문화

2) 예

❶의 내용 정리	한국에는 '효'와 관련된 표현이 많은데 부모님을 사랑하고 존경한다는 의미인 '효'의 중요성을 어렸을 때부터 배운다.

❷의 내용 정리	수원 화성 역시 정조대왕이 효심으로 만든 곳인데 정조대왕은 이곳을 다니면서 백성들과 소통의 시간을 가지기도 했다.

❸의 내용 정리	한국에서 효는 항상 중요한 문화이다.

4과

| 읽기1 |

Q1. 예 원래 커피 자판기가 있어서 사람들이 바다를 보면서 자판기 커피 한 잔을 하던 곳이었다.

Q2. 예 다양한 커피도 마시고 바리스타를 뽑는 대회가 열리기도 한다.

| 문법과 표현1 |

1) 부를 뿐만 아니라
2) 좋을 뿐만 아니라
3) 풀 수 있을 뿐만 아니라

| 내용 확인 문제 |

1. ②
2. 400~500kg
3. ②
4. 1) ⓐ   2) ⓑ   3) ⓒ

| 문법과 표현2 |

1) 모이자
2) 도착하자
3) 보자

| 정리하고 요약하기 |

1) 예

❶의 핵심 단어	루왁, 사향 고양이, 비싼 커피

❷의 핵심 단어	루왁 커피, 맛있다, 비싸다, 동물 학대

❸의 핵심 단어	강릉, 루왁 커피, 기술, 희생

2) 예

❶의 내용 정리	루왁 커피는 사향 고양이의 배 설물에서 나온 원두로 만든 것 으로 비싼 커피 중의 하나다.

❷의 내용 정리	루왁 커피는 아주 맛있고 매년 생 산되는 양도 적어서 비쌀 수밖에 없다. 그러나 동물을 이용한 커피 는 동물 학대라는 입장도 있다.

❸의 내용 정리	강릉에서도 루왁 커피를 맛볼 수 있는데 사향 고양이의 소화 과정을 연구한 것이다. 이 카페 에서 한 것처럼 인간을 위해 동 물이 희생하는 일이 발생하지 않도록 해야 한다.

5과

| 읽기1 |

Q1. 예 바다로 둘러싸여 있는 반도이고 국토의
70%가 산이다.
Q2. 예 사계절 모두 아름답고 볼거리가 많다.

| 문법과 표현1 |

1) 귀여우면서
2) 아름다우면서
3) 착하면서

| 내용 확인 문제 |

1. 등산
2. ③
3. ②
4. 1) ⓑ   2) ⓒ   3) ⓐ

| 문법과 표현2 |

1) 아름다우며
2) 따뜻하며
3) 있으며

| 정리하고 요약하기 |

1) 예

❶의 핵심 단어	한국, 둘레길, 등산로, 조성

❷의 핵심 단어	건강, 기분 전환, 스트레스가 풀 린다

❸의 핵심 단어	체온 유지, 준비운동, 주의

2) 🖻

❶의 내용 정리	한국에는 둘레길, 등산로가 잘 조성되어 있는데 그래서인지 한국 사람들은 등산을 아주 좋아한다.
❷의 내용 정리	한국 사람들이 등산을 좋아하는 이유는 등산이 건강에 좋고 기분 전환도 할 수 있으며 스트레스가 풀리기 때문이다.
❸의 내용 정리	등산을 할 때는 체온 유지에 신경을 써야 하고 시작 전 준비운동을 하는 등 주의해야 할 점이 많다. 이러한 점을 주의하면 등산을 더욱 즐길 수 있을 것이다.

6과

| 읽기1 |

Q1. 🖻 여유로운 여행을 할 수 있고 길마다 다른 풍경이 펼쳐져 아름다움을 느낄 수 있다

Q2. 🖻 대전의 공유 자전거 서비스를 이용할 수 있기 때문이다.

| 문법과 표현1 |

1) 간다고
2) 있다고
3) 된다고

| 내용 확인 문제 |

1. ②
2. 앱만 설치하면 누구나 쉽게 빌려서 즐길 수 있기 때문에
3. ②
4. 1) ⓐ   2) ⓑ   3) ⓒ

| 문법과 표현2 |

1) 다하되

2) 말하되
3) 올리되

| 정리하고 요약하기 |

1) 🖻

❶의 핵심 단어	공유 자전거, 시간과 비용 절약, 에너지 절약
❷의 핵심 단어	사고 위험, 보호 장비
❸의 핵심 단어	의식, 부족, 인력, 비용, 인식, 제도, 개선

2) 🖻

❶의 내용 정리	한국에는 공유 자전거를 이용하는 사람들이 많은데 공유 자전거는 쉽게 빌릴 수 있다. 자전거를 이용하면 시간과 비용, 에너지를 절약할 수 있고 건강에도 좋다.
❷의 내용 정리	한국에는 자전거 전용 도로가 많지 않아서 사고의 위험이 있다. 보호 장비를 하지 않고 타다가 사고가 나는 경우도 많다.
❸의 내용 정리	'공유'라는 것에 대한 의식도 개선되어야 하고 부족한 인력과 비용 문제도 해결하는 등 인식과 제도의 개선이 뒷받침되어야 공유 서비스가 지속적으로 잘 이루어질 수 있다.

7과

| 읽기1 |

Q1. 🖻 대구에서 지하철을 타고 서문시장역에서 내리거나 대구에서 버스를 이용하면 편하

게 갈 수 있다.

Q2. 예 음식, 그릇, 원단이 유명하다.

| 문법과 표현1 |

1) 책도 빌릴 겸 공부도 할 겸(해서)
2) 바람도 쐴 겸 좀 쉴 겸(해서)
3) 친구랑 이야기도 할 겸 차도 마실 겸(해서)

| 내용 확인 문제 |

1. 그 나라의 문화를 느낄 수 있고 길거리 음식도 맛볼 수 있다.
2. 주차장을 만들어 불편함을 줄이고 정보통신 기술을 접목하는 등 현대적으로 변화하고 있다.
3. ③
4. 1) ⓒ   2) ⓑ   3) ⓐ

| 문법과 표현2 |

1) 귀엽거니와
2) 맑거니와
3) 참석하거니와

| 정리하고 요약하기 |

1) 예

❶의 핵심 단어	전통 시장, 문화, 불편함, 변화
❷의 핵심 단어	서문 시장, 야시장
❸의 핵심 단어	삶의 모습, 재미, 매력

2) 예

❶의 내용 정리	전통 시장에 가면 그 나라 문화를 생생하게 느낄 수 있지만 불편하다는 단점이 있었는데 최근 한국의 전통 시장은 변화, 발전하고 있다.
❷의 내용 정리	대구에 가면 서문 시장에 들르는데 이곳에서 특히 야시장에 꼭 간다.

❸의 내용 정리	시장에 가면 사람들의 삶의 모습을 느낄 수 있고 구경하는 재미도 느낄 수 있다. 특별한 재미와 매력이 있는 시장으로 가 보는 것이 좋을 것이다.

8과

| 읽기1 |

Q1. 예 독재에 맞서 민주화를 위해 싸운 운동이다.

Q2. 예 5.18 민주화 운동을 기념하기 위해 만들어졌는데 한국의 가슴 아픈 역사를 통해 민주주의를 굳게 지켜야 한다는 의미를 담고 있다.

| 문법과 표현1 |

1) 늦고 말았다
2) 실패하고 말았다
3) 넘어지고 말았다

| 내용 확인 문제 |

1. ①
2. ②
3. 모든 일에 최선을 다하지만 모든 것을 얻으려고 욕심을 부리지 않아야 한다는 것과 결과가 최고가 아니라고 해도 크게 슬퍼할 필요가 없다고 생각한다.
4. 1) ⓐ   2) ⓒ   3) ⓑ

| 문법과 표현2 |

1) 끓이는 동시에
2) 홍보하는 동시에
3) 줄이는 동시에

| 정리하고 요약하기 |

1) 예

❶의 핵심 단어	한국, 행복지수, 하위권

②의 핵심 단어	덴마크, 즐겁게 생활, 행복, 비결
③의 핵심 단어	개인, 국가, 정확하게 하는 사회

2) 예

①의 내용 정리	한국은 빠른 성장을 했지만 행복지수는 50위권을 맴돌고 있고 특히 사회적 지원 부문이 점점 악화되고 있다.
②의 내용 정리	덴마크는 가장 행복한 국가로 누구든지 취미를 즐기며 즐겁게 생활한다. 덴마크 사람들은 자신이 좋아하는 일을 하면서 살아가고, 최고가 아니라고 해도 슬퍼할 필요가 없다는 행복의 비결을 알고 있다.
③의 내용 정리	행복지수로 그 나라를 판단해서는 안 되지만 개인과 국가가 각각 할 일을 정확하게 하는 사회가 된다면 행복지수가 올라갈 수 있을 것이다.

9과

| 읽기1 |

Q1. 예 가을에 가면 더 예쁜데 알록달록 단풍이 아름답고 한국에서 볼 수 있는 다양한 식물들을 볼 수 있어 한국의 가을을 느끼기 충분하다.

Q2. 예 수목원에 있는 식물의 이야기를 자세히 즐길 수도 있다.

| 문법과 표현1 |

1) 건강했으면 한다
2) 합격했으면 합니다
3) 받을 수 있었으면 한다

| 내용 확인 문제 |

1.

색	색이름	의미	상징
노란색	황	중앙	우주의 중심
파란색	청	동쪽	젊음
하얀색	백	서쪽	진실하고 깨끗함
빨간색	적	남쪽	창조, 정열, 적극성
검정색	흑	북쪽	지혜, 슬픔

2. ②
3. 1) ⓐ   2) ⓒ   3) ⓑ

| 문법과 표현2 |

1) 눈 녹듯이
2) 봄이 오듯이
3) 외모가 다르듯이

| 정리하고 요약하기 |

1) 예

①의 핵심 단어	문화권, 선호하는 색, 오방색
②의 핵심 단어	황, 청, 백, 적, 흑
③의 핵심 단어	오방색, 활용

2) 예

①의 내용 정리	각 나라, 문화권마다 선호하는 색이 있다. 한국에는 오방색을 전통적으로 즐겨 사용했다.
②의 내용 정리	오방색은 황, 청, 백, 적, 흑 즉 노란색, 파란색, 하얀색, 빨간색, 검정색으로 각각이 상징하는 바가 있다.
③의 내용 정리	한국에서는 오방색을 활용한 예를 쉽게 찾아볼 수 있다.

10과

| 읽기1 |

Q1. 예 벚꽃이 예쁘게 피는 봄에 하는데 보통 토요일과 일요일 이틀 동안 열린다.

Q2. 예 다양한 콘서트, 노래 대회, 퀴즈 대회 등 재미있는 행사가 진행된다.

| 문법과 표현1 |

1) 주고도
2) 읽고도
3) 알고도

| 내용 확인 문제 |

1. ③
2. ③
3. 자연 풍경이 망가지고 생태계도 파괴될 수 있다.
4. 1) ⓒ   2) ⓐ   3) ⓑ

| 문법과 표현2 |

1) 풍부할뿐더러
2) 불뿐더러
3) 읽을뿐더러

| 정리하고 요약하기 |

1) 예

❶의 핵심 단어	전망대, 케이블카
❷의 핵심 단어	해상 케이블카, 목포, 경치
❸의 핵심 단어	관광, 경치, 자연환경, 해치다

2) 예

❶의 내용 정리	한국의 관광지에는 전망대가 있어서 경치를 볼 수 있는 곳이 많은데 케이블카를 설치해서 편하게 갈 수 있다.

❷의 내용 정리	최근에는 바다 위를 건너는 케이블카, 즉 해상 케이블카가 설치된 곳도 있는데 특히 목포에 있는 해상 케이블카는 한국에서 가장 긴 케이블카다. 높은 곳에서 아름답고 짜릿한 바다의 경치를 볼 수 있다.

❸의 내용 정리	케이블카를 설치하면 관광하기 편리하기는 하지만 자연환경을 해칠 수 있다는 우려의 시각도 많다. 자연을 무분별하게 개발해서는 안 된다.

11과

| 읽기1 |

Q1. 예 여름에는 발을 디딜 틈이 없을 정도로 많은 관광객이 찾는 곳이다.

Q2. 예 관광지에서의 여행이 아름답게 기억될 수 있도록 다른 사람을 배려하는 마음이 필요하다.

| 문법과 표현1 |

1) 될 수 있느니만큼
2) 결정되느니만큼
3) 어려우니만큼

| 내용 확인 문제 |

1. 야식을 먹는 습관 때문에 더 피곤함을 느낄 수 있다.
2. ①
3. 피곤함을 덜 느끼게 되었고 살도 덜 찌게 되었다.
4. 1) ⓑ   2) ⓒ   3) ⓐ

| 문법과 표현2 |

1) 심심하던 차에
2) 먹으려고 하던 차에

3) 들어가던 차에

| 정리하고 요약하기 |

1) 예

❶의 핵심 단어	야식, 피곤함
❷의 핵심 단어	성장 호르몬, 건강, 유지
❸의 핵심 단어	3시간 전, 야식, 끊다

2) 예

❶의 내용 정리	한동안 나는 야식에 푹 빠져 있었는데 야식을 먹는 나쁜 식습관 때문에 피곤함을 더 느낄 수 있다.
❷의 내용 정리	우리 몸에 있는 성장 호르몬이 젊음과 건강을 유지하도록 하는데 성장 호르몬은 보통 우리가 잠을 잘 때 만들어진다. 성장 호르몬이 부족하면 다음 날 더 피곤해진다.
❸의 내용 정리	최소한 잠들기 3시간 전에 저녁 식사를 마치고 배고프면 물을 좀 마시는 것이 좋다.

12과

| 읽기1 |

Q1. 예 구경이나 관광을 하거나 휴식을 취하려고 여행을 간다.

Q.2 예 제주도에 한 달 정도 머물면서 제주의 곳곳을 여행하는 것이다.

| 문법과 표현1 |

1) 잘 먹는가 하면

2) 실종되는가 하면

3) 참석하는가 하면

| 내용 확인 문제 |

1. 옛날 서당에서 책 한 권을 공부하는 것을 다 끝낸 학생이 선생님과 친구들에게 한턱을 내는 일이다.

2.

준비하는 음식	국수나 송편
그 이유	송편은 속이 꽉 차 있기 때문에 열심히 공부해서 지식을 채우라는 의미가 있다.

3. ③

4. 1) ⓐ   2) ⓒ   3) ⓑ

| 문법과 표현2 |

1) 괜찮은 양

2) 안 아픈 양

3) 모르는 양

| 정리하고 요약하기 |

1) 예

❶의 핵심 단어	책씻이, 감사, 따뜻한 행사
❷의 핵심 단어	졸업식, 격려, 축하, 또 다른 시작
❸의 핵심 단어	한국어 공부, 자신만의 책씻이

2) 예

❶의 내용 정리	한국에서는 책 한 권 공부를 끝내면 '책씻이'라는 작은 행사를 하는데 이 행사는 선생님께 감사하고 마음을 나누는 따뜻한 행사다.

❷의 내용 정리	한국에서 초, 중, 고등학교와 대학교를 졸업할 때 하는 공식적인 행사는 졸업식이다. 졸업식은 격려와 축하를 하는 행사로 졸업은 끝이 아니라 또 다른 시작을 의미하기도 한다.
❸의 내용 정리	한국어 공부를 처음 시작했을 때와 이 책을 끝낸 지금, 자신만의 책씻이를 해 보는 것이 좋을 것이다.

🖼 이미지 출처